Office we love.

오피스
일상을 바꾸다

퍼시스 저

사무환경이 문화를 만든다
Vol.2

목훈문화사

추천사

김난도,
서울대 교수,
<트렌드 코리아>
시리즈 저자

　　이전 세대와는 전혀 다른 사회경제적 환경에서
자라 능수능란한 디지털 기술로 무장한 새로운
세대 밀레니얼이 사회 주축으로 자리 잡으면서 우리
사회의 트렌드는 크게 변하고 있다. 더구나 2020년
전 세계를 강타한 COVID-19의 영향으로 그 변화의
물결은 더욱 거세고 빨라졌다. 일하는 방식 역시
크게 바뀌고 있다. 일과 삶의 균형을 중시하는
밀레니얼 세대에게는 그들의 니즈에 부합하는 새로운
사무환경이 필요하다. 더구나 '사무 공간'의 개념을
뿌리째 뒤흔든 COVID-19의 여파로 사무환경 변화의
바람은 코로나 이후에도 잦아들지 않을 것이다.

　　퍼시스는 가구나 공간뿐만 아니라 일, 사람,
조직 문화 전반을 아우르는 사무환경의 변화를
꾸준히 연구해오고 있다. 이 책은 퍼시스의 그 오랜
고민과 시도의 흥미로운 결과물이다. 생생한 경험과
노하우를 담은 이 책은 새로운 공간의 변화를 통해
미래지향적인 조직 문화를 준비하는 많은 기업에
좋은 사례가 되리라 생각한다.

홍성태,
한양대
경영전문대학원
교수

어중간한 차이로는 소비자의 시선을 사로잡을 수 없게 된 지금, 기업에 필요한 것은 '다름'이다. 하지만 많은 기업이 단순히 성공 사례를 따라하기에 바빠 궁극적인 브랜딩 전략을 찾아내지 못한 채 차별화 프로젝트를 흐지부지 끝내는 경우가 많다. 이 책의 흥미로운 점은 모든 공간이 각자 변화의 이유를 갖추고 있다는 사실이다. 그리고 해당 전략이 최종적으로 어떤 결과로 이어지는지 유기적으로 서술되어 있다. 물론 책을 끌어나가는 메인 소재는 공간 변화 전략이라 모든 기업이 선뜻 따라 하기는 어려울 것이다. 하지만 프로젝트를 시작하게 된 배경과, 거기에서 끌어내는 액션 플랜의 흐름은 모든 기업이 공감하는 보편적인 변화 전략에 맞닿아 있다. 중요한 것은 'why'에 대한 고찰이다. 'why'에서 시작한다면, 업의 본질이 다르고 기업의 문화가 달라도 타인의 성공 사례를 충분히 자신의 역량으로 승화시킬 수 있다. 무언가를 개선하고, 그리고 그것이 의미 있는 결과로 이어지길 바라는 많은 기업에 이 책은 프로젝트의 시작부터 마무리까지 전체 흐름을 짚어주는 좋은 사례가 될 것이다.

김개천,
국민대
테크노디자인
전문대학원
원장

동시간대에 모여 일하던 사무환경은 이제 언제 어디서나 접속하여 비동시적인 업무를 수행하고 휴식하며 새로운 가치와 경험을 판매하는 방식으로 바뀌게 되었다. 가치를 만든다는 것은 인간에 대한 이해와 창의적 사고를 필요로 하며 삶의 환경에 따라 영향을 받는다. 일찍이 퍼시스그룹은 문화적 환경으로서의 사무 공간을 만드는 선도적 역할을 자임해왔다. 문화적 환경이란 단지 멋지고 행복한 곳을 만드는 것에서 나아가 삶이 자유롭고 품위 있게 발휘될 수 있는 창조적 장소를 말한다. 이 책은 일과 즐거운 유희 그리고 관계의 새로운 영토로서 문화적 삶을 강렬하게 음미하고, 서로 다른 것들을 흡수하여 공간의 지평을 확장해나갈 수 있는 오피스 환경에 대해 질문하고 보여주고 있다.

장은지,
이머징 리더십
인터벤션즈
대표

기업 조직관리의 패러다임이 '관리와 통제'가 아닌 '자율과 책임'에 따른 관점으로 급격히 변화하고 있다. 많은 기업이 구성원들로 하여금 자유롭게 업무의 장소를 정하도록 하고 있지만, 여전히 효율성과 생산성의 측면에서 두려움을 안고 있는 것이 솔직한 심정이다. 오랫동안 퍼시스의 조직 문화 혁신을 옆에서 도우며, 공간을 변화시키는 미션을 가진 기업이 스스로 변화부터 끌어내고자 하는 진정성 있는 여정을 지켜보았다. 이 책은 단순히 사무실의 배치나 하드웨어를 바꾸는 것에서 멈추지 않고, 온전한 소통과 몰입이 가능한 경험을 구성원들에게 주기 위해 노력해온 그들의 스토리다. 현재의 갑작스러운 언택트 환경으로 여러 혼란을 겪고 있는 많은 기업에 매우 좋은 지침서가 되리라고 생각한다.

추천사

전성우,
SKT 기업문화센터
Smart Work
추진 CoE

스마트 공유 오피스를 콘셉트로 잡고 각종 ICT 도입을 위해 애쓴 지 3년째입니다. 그동안 공간의 변화를 통한 일하는 방식의 변화를 추진해왔지만, 한국적 정서에서 회사에서 자신의 책상이 없어지는 공유 오피스는 기업 구성원들이 쉽게 받아들이기 힘든 큰 변화였습니다. 이를 SKT는 스마트 솔루션을 도입한 오피스로 업무의 효율성을 높이고, 데이터로 검증하는 노력을 했지만, 가장 중요한 공간 측면을 ICT회사가 해결할 수 있는 데는 한계가 있었습니다. 퍼시스그룹과 함께 구성원들이 직무에 맞는 다양한 공간을 선택할 수 있는 자율성에 대한 협업을 통해 많은 부분 해소할 수 있었습니다. 이 책에서 퍼시스그룹이 제안하는 '유연' '소통' '자율'을 키워드로 하는 공간 프로젝트는 Post COVID-19 오피스를 만들어나갈 것이며, 향후 일하는 방식의 진정한 혁신을 끌어낼 것으로 보입니다. 『사무환경이 문화를 만든다』 vol 1, 2를 통해 고객을 위해 나부터 적극적인 변화를 통해 일하는 방식의 혁신을 선도해나가는 퍼시스그룹의 노력에 큰 박수를 보내며, 이를 통해 우리 사회가 더 생산적으로 발전하는 계기가 되리라 믿어 의심치 않습니다.

차례

추천사

프롤로그

프롤로그

새로운 시대, 일하는 방식의 변화

　COVID-19가 전 세계를 휩쓸고 있다. 사람들은 지역 사회 감염을 막기 위해 가능한 모든 분야에서 사회적 거리두기를 실천하고 있다. 약속을 취소하고 외출을 줄였다. 그리고 직장에 출근하는 대신 집에서 일하기 시작했다.

　다른 세상 이야기로만 여겨졌던 재택근무가 우리의 일상으로 갑자기 파고들었다. 100% 재택근무를 도입한 기업도 있었고, 1주일에 1~2일 정도 재택근무를 권장하는 기업도 있었다. 사내에 확진자가 발생하여 허둥지둥 재택근무를 시작한 기업도 있었다. 2019년까지 한국 기업 가운데 재택근무를 시행하던 기업은 4%에 불과했다.[1] 하지만 2020년 3월 기준으로 재택근무를 시도한 기업은 63%까지 증가했고, 이들 가운데 52%가 COVID-19 이후 재택근무를 도입했다.[2] 많은 기업이 충분한 준비를 하지 못한 채 재택근무에 돌입한 셈이다.

　하지만 사람들은 집에서 그럭저럭 일을 잘 해냈다. 재택근무를 하려면 클라우드, 서버, 화상 회의 시스템 등 오랜 시간을 들여 철저한 준비가 필요할 줄 알았는데, 노트북과 인터넷만 있으면 대부분의 업무를 처리할 수 있었다. COVID-19 이후 쏟아져나온 수많은 재택근무 보고서는 일하는 장소가 바뀌었다고 해서 업무 효율이 크게 저하되지 않는다는 사실을 핵심 결과로 제시하고 있다. 오히려 출퇴근에 필요한 시간이 사라져 피로도가 줄고 일과 삶의 균형을 이룰 수 있어 직원들의 심리적 만족도가 매우 높았다.

　일을 하려면 당연히 오피스에 가야 한다는 생각은 오랫동안 사람들에게 뿌리내린 단단한 고정관념이다. 근태는 직원을 평가하는 가장 객관적인 지표

중 하나였고, 오피스에 도착하는 것이 곧 업무의 시작이었다. 산업화를 거치며 수십 년간 오피스는 일할 수 있는 유일한 장소였다. 하지만 COVID-19의 대유행은 고작 3달 만에 유구한 역사를 가진 고정관념을 완전히 무너뜨렸다.

그렇다면 오피스는 왜 필요한 것일까? 우리는 왜 비싼 부동산 비용을 지불하고 오피스를 만들어 사람들을 한곳에 모으려고 노력하는 것일까? 집에서 일해도 생산성이 떨어지지 않는다면 오피스를 만들 필요가 없다. 사람들이 흐릿하게나마 '오피스가 없는 세상'을 그릴 수 있게 된 지금, 오피스와 사무환경은 처음으로 존재 이유에 도전을 받기 시작했다.

오피스의 존재 이유를 고민하다

흥미롭게도 오피스의 소멸을 부추기는 것도 재택근무지만, 오피스의 필요성을 역설하는 것 역시 재택근무다. 강도 높은 사회적 거리두기는 재택근무가 집중 업무에는 유리하지만, 소통 업무에는 몹시 불리하다는 사실을 드러냈다. 혼자 몰입하여 결과물을 만들어낼 때는 집에서 일해도 업무 생산성이 크게 줄어들지 않는다. 하지만 새로운 아이디어를 내거나 성과물을 검토하는 등 여러 사람이 의견을 주고받는 일을 할 때는 일의 효율을 크게 떨어뜨린다.

사람들이 함께 모여서 의견을 나눌 때, 우리는 단지 언어적 표현만 이용하여 소통하지 않는다. 책상에 바짝 붙어 앉은 호기심과 의자에 축 늘어진 나태함, 서로의 진의를 파악하기 위해 순간적으로 주고받는 눈빛, 동의와 부정을 드러내는 감탄과 한숨, 극적으로 합의에 도달했을 때 터져나오는 박수와 환호 등 우리의 회의실에는 수많은 비언어적 표현이 가득하다. 하지만 카메라와 채팅, 그리고 자료 화면으로 구성된 원거리 협업 툴은 이러한 정보를 제대로 전달하지 못한다. 자연히 상대방의 의도를 파악하는 데 더 많은 에너지를 필요로 하고, 자신의 생각을 표현하기 위해 훨씬 많은 부가 설명을 붙여야 한다.

일이란 개인 업무가 전부가 아니다. 정도의 차이가 있을 뿐 우리는 모두 혼자 일하는 동시에 함께 일한다. 즉 우리가 동료와 함께 일하는 한, 모든 기업이 100% 재택근무를 도입하는 것은 불가능하다. 물론 어떤 직종은 혼자 일하는 비중이 높아 재택근무의 비율을 높여도 충분히 효율적으로 일할 수 있다. 개발자 직군이 대표적인 사례. 업종별로 재택근무를 도입한 비율을 살펴보면 상위 3개 업종이 통신, 이커머스, 게임으로 모두 IT 관련이었다.[3] 일부 업종, 그리고 일부 직군이 재택근무를 활발히 이용한다고 하여 모든 오피스가 사라진다고 단정하는 것은 성급한 결론이다.

집이라는 공간이 개인 업무 공간을 완벽하게 지원해주지 못한다는 근본적인 문제도 남아 있다. 공간이란 맥락의 구현이다. 우리는 공간에 아이덴티티를 부여하고, 그곳에 방문하여 최대한의 몰입을 끌어낸다. 모든 일을 처리할 수 있는 다목적 공간이란 사실 아무것도 제대로 해낼 수 없는 애매한 공간이다. 실제로 편안하게 쉬는 공간이었던 집을 한순간에 치열하게 몰입하는 업무 공간으로 변신시키는 방법은 제한적이다. 집 안에 업무 전용 공간을 마련한다면 어느 정도 해결되겠지만, 문 하나로 나뉘어 있는 공간의 구분은 완전하지 못하다. 문이 열리는 순간, 일과 가정은 순식간에 뒤섞여버린다.

물론 오피스는 언젠가 소멸할지도 모른다. 하지만 지금은 아니다. 동료와 함께 토론하고 즉흥적인 회의를 거듭하여 무의식 속에 잠들어 있던 멋진 아이디어를 끌어낼 수 있는 공간은 아직 오피스밖에 없다. 일하는 공간이라는 확고한 아이덴티티를 통해 직원들이 온전히 몰입할 수 있는 공간적 맥락을 제공하는 곳도 아직은 오피스뿐이다. 그러니 비언어적 표현까지 완벽하게 전달하는 통신 기술이 발명될 때까지 오피스는 사람들이 함께 모여서 창의적인 반짝임을 만들어내는 세렌디피티의 공간으로 남아 있을 것이다. 그리고 그런 기술이 완성된다고 하더라도, 우리는 온전한 몰입을 위해 오피스에 모여들 것이다.

미래의 오피스를 준비하는 퍼시스 이야기

이 책은 2016년부터 시작된 퍼시스그룹 공간 프로젝트의 중간 정리본이다. COVID-19로 오피스의 일상이 달라진 지금이야말로, 잠시 멈춰서서 과거를 돌아보고 미래를 준비할 시점이라고 생각했다. 많은 사람이 근미래의 오피스가 어떻게 변화할지 궁금해하고 있다. 그러니 사무환경 전문가로서 퍼시스는 앞으로의 오피스를 어떻게 준비해야 할지 대답해야 할 의무가 있다.

공간 프로젝트의 기록을 뒤지고 사람들의 기억을 되살리며 자문했다. 우리는 로비를 바꾸고, 스마트워크센터를 만들고, 연구소와 본사를 리뉴얼했다. 왜 이런 공간을 만들었을까? 그것이 우리에게 어떤 의미가 되었을까? 앞으로 공간 프로젝트는 어떤 방향으로 진행해야 할까? 이렇게 큰 관점에서 프로젝트를 다시 한번 짚어보자, 개별 공간을 진행할 때는 느끼지 못했던 공통점을 찾아낼 수 있었다.

우리는 사람들에게 자신의 자리에서 온종일 집중하라고 요구하는 대신, 자신의 업무 특성에 맞춰 일하는 장소를 선택할 수 있게 했다. 한정된 공간을 더욱 다양하게 활용할 수 있도록 공간 전략을 새롭게 짰고, 사람들이 서로 마주칠 수 있는 공간을 충분히 만들었다. '보다 유연하게, 사람들과 소통하며 자율적으로 일할 수 있는 공간'을 지향한다고 공간 프로젝트를 요약하고, 그 안에서 유연, 소통, 자율이라는 세 단어를 추려냈다.

이 세 단어는 공간 프로젝트의 요약인 동시에, 앞으로의 오피스를 묘사하는 핵심 키워드가 될 것이다. 한국 사회 전체가 원격 근무를 경험하면서 사람들은 자율적으로 일터를 고르는 만족감을 알게 되었다. 개인 업무 공간이 오피스에서 집으로 확장되었지만, 아직도 많은 사람이 동료와 긴밀한 소통을 하기 위해 오피스로 출근하겠다고 말한다. 따라서 개인 업무 공간 중심으로 짜인 기존의 오피스는 이제 유연한 구조로 바뀌어 개인 업무와 협업을 상황에 맞춰 지원할 수 있어야 한다. 그리고 직원들에게 다양한 공간 선택지를 제공하여 자율적인 업무 환경으로 변화해야 한다.

앞으로 다가올 오피스가 무엇이냐는 질문에 대답하기 위해 퍼시스는 지금까지 사용한 공간 전략을 유연, 소통, 자율의 관점에서 새롭게 정리하여 한 권의 책으로 정리했다.「생각의 정원 —변화의 시작, 활용하는 로비」,「광화문센터 —스마트워크 시대 또 하나의 오피스」,「스튜디오 원 —창의적으로 일하는 디자인 연구소」,「오금로311 —새로운 문화를 준비하다」로 주제를 잡았다. 사무환경은 각 기업의 조직 문화와 건축 환경이 반영된 독특한 결과물이지만, 그래도 다른 기업의 사례를 살펴본다면 앞으로 나아갈 방향을 정리하는 데 도움이 될 수 있을 것이다. 부디 이 책이 변화를 시도하는 모든 기업에 작게나마 도움이 되기를 바란다.

생각의 정원
변화의 시작, 활용하는 로비

"공간에 대한 선택권이 주어지면 직원들은
책상 하나가 아니라 사옥 전체를
가졌다는 느낌을 받는다. 생각의 변화는
몸의 변화에서부터 시작된다."

이곳은 회사의
첫인상이다

새로운 로비, 생각의 정원

생각의 정원은 퍼시스그룹 본사 사옥 1층의 로비다. 이곳은 사람들이 흔히 생각하는 로비와 다르다. 잠시 머무르다 떠나는 대기 공간이 아니라 많은 사람이 활발하게 이용하는 생활 공간이다. 이곳에는 기업의 역사와 이야기를 보여주는 상징물 대신 사람들의 일상이 있다. 직원들은 생각의 정원에서 회의하고 개인 업무를 처리하고 커피를 마시며 잠시 쉰다. 회의를 하러 방문한 외부 사람들도 편안하게 머무른다.

온종일 많은 사람이 생각의 정원을 오가며 시간을 보낸다. 생각의 정원에서 풍기는 자유로운 분위기가 일반 회사 분위기와 달라 낯설게 느껴질 수 있고, 퍼시스그룹은 느긋하고 느슨하게 일하는 기업이라고 생각할 수도 있다. 하지만 이곳이 있기 때문에 직원들은 오히려 치열하게 몰입하고 긴장감 넘치게 일할 수 있다. 로비는 대기 공간이라는 고정관념에서 벗어난 결과, 생각의 정원은 퍼시스그룹의 문화를 가장 상징적으로 보여주는 공간이 되었다.

로열층의 가치

기업의 로비는 어떤 공간이어야 할까 로비는 기본적으로 외부와 내부를 이어주는 공간이다. 사옥의 1층이나 오피스의 입구 공간에 조성되어 방문객을 맞이하고 다음 장소로 안내하는 대기 공간으로 활용한다.

하지만 기본 목적이 그렇다고 하여 로비의 역할을 '대기 공간'으로 한정할 필요는 없다. 오히려 이런 고정관념 때문에 많은 기업이 로열층의 가치를 충분히 활용하지 못하고 있다. 기업에서 가장 먼저 마주하는 공간이라는 점에 주목한다면 로비는 기업의 첫인상을 결정하는 공간이다. 또한 출입증이 있어야 들어갈 수 있는 업무 공간과 달리 로비는 누구나 방문할 수 있는 열린 공간이다. 협력사의 직원, 잠재 고객, 지역 주민까지 누구나 방문할 수 있고 회사에 방문한 사람들은 누구나 반드시 지나쳐야 하는 공간이기도 하다.

광고로 비유하자면 로비는 가장 노출도가 높고 비싼 배너다. 배너는 사람들에게 얼마나 노출되는지, 그 빈도는 어떻게 되는지에 따라 광고비가 결정된다. 오피스 전체 공간으로 따져보면, 로비는 기장 비싼 광고 배니의 조건을 충분히 갖추고 있다.

기업의 브랜드를 알리기 위해 고민하는 기업들은 로비를 활용하는 방법을 다각도로 고민하기 시작했다. 네이버는 본사 사옥의 로비를 디자인 라이브러리로 만들어 내부 직원의 지식 공간으로 활용하는 동시에 지역 사회의 공공 도서관으로 개방했다. EBS 역시 로비 일부를 세트장으로 꾸며 방송을 촬영뿐 아니라 방송국에 방문한 어린이들의 견학 공간으로 활용하고 있다.

하지만 이렇게 로비를 활발하게 이용하는 기업은 소수에 불과하다. 직원들이 근무하는 업무층에는 책상 하나라도 더 넣으려고 노력하지만, 로비는 비워둔다. 또 기업을 홍보하는 15초짜리 영상에는 엄청난 예산을 투자하지만, 기업의 첫인상을 만드는 로비는 공간의 목적을 심각하게 고민하지 않는다. 어느 정도 신경 써서 로비를 계획하더라도 값비싼 소파를 배치하거나 유명 작가의 작품을 전시하는 정도에 그친다.

문화를 담아내는 로비를 그리다

퍼시스그룹의 로비도 크게 다르지 않았다. 과거 퍼시스그룹 본사의 로비는 다른 기업과 마찬가지로 전시 목적의 공용 공간으로 사용되고 있었다. 우선 로비 한가운데에 커다란 조형물이 있었다. 브랜드 컬러인 붉은색이 반영된 거대한 레드 매스였다. 이 웅장한 레드 매스는 퍼시스그룹에 처음 방문하는 사람들의 시선을 사로잡았다. 레드 매스의 한쪽 면에 있는 미디어 파사드에서는 방문객을 환영하는 메시지와 브랜드 스토리를 보여주는 미디어 콘텐츠를 재생했다. 즉 로비의 이 거대한 조형물은 브랜드 이미지를 부여하는 시각적 오브제였으며, 브랜드 스토리를 보여주는 기업 홍보의 역할까지 훌륭히 수행했다.

문제는 공간 활용도였다. 레드 매스가 로비의 주인이 되자 로비의 공간 활용도가 낮아졌다. 레드 매스는 부피가 너무 큰 탓에 주변의 공간은 수동적으로 활용하는 수준에 그쳐야 했다. 무엇보다 로비는 외부인이 잠시 머무는 대기 공간이라는 고정관념에서 벗어나지 못했다. 방문객이 잠시 머무르는 동안 볼거리를 제공해야 한다는 생각에서 벗어나지 못했다. 그 까닭에 로비는 남는 공간에 신제품을 배치하여 보여주는 쇼룸이 되었다.

본사 직원 수가 증가함에 따라 로비의 낮은 공간 활용도가 문제시 되었다. 회의실도 부족하고 접객 공간도 없는 데 반해 로비의 넓은 공간은 사용하는 사람이 없는 채 텅 비어 있었다. 더 이상 로비를 의미 없이 비워둔 채 낭비할 수는 없었다.

로비를 제대로 활용하기 위해 로비의 목적을 새롭게 검토했다. 로비는 항상 외부인을 위한 공간이어야 할까? 직원들과 외부인이 함께 사용하는 공간이 될 수는 없을까? 직원들을 위한 로비는 어떤 모습이어야 할까?

이와 같은 고민 끝에 퍼시스그룹의 문화를 담아내는 로비를 만들자는 답을 내렸다. 문화를 드러내는 방식은 전시가 아니라 체험이 되어야 한다. 또 비전과 목표를 멋진 문장으로 서술한 스토리보드가 아니라 사람들이 실제로 일하는 모습에서 자연스럽게 기업 문화가 드러나야 한다. 무엇보다 공간 활용을 높이기 위해 로비의 일부 공간을 외부에 임대를 주고 수익을 올리는 대신, 직원들의 업무 효율을 높여 성과를 창출하기로 했다.

예전 로비의 모습.
거대한 레드 매스를 중심으로 쇼룸 공간이 구성되어 있다.

온종일 집중해서 일할 수 있다는 환상

직원들이 일에 몰입하여 최대의 성과를 내게 하려면 어떻게 해야 할까? 사실 몰입과 집중은 쉬운 일이 아니다. 사람은 생각보다 주변 환경의 영향을 많이 받기 때문에 고요한 몰입과 집중의 상태를 오랫동안 유지할 수 없다. 그리고 회사의 하루는 결코 평온하지 않다. 직원들의 업무 집중을 방해하는 요소는 수없이 존재한다.

한창 업무에 집중하고 있는데 전화벨이 울린다. 당장 처리해야 하는 업무로 바쁜데 회의를 요청하는 동료가 있고, 옆자리에서는 사람들이 짧은 회의를 반복한다. 오피스에서 일어나는 수많은 사건은 개인의 집중을 순식간에 무너뜨린다.

주변 환경의 영향뿐만이 아니다. 사람은 0과 1로 스위치를 켜고 끄는 기계가 아니다. 피곤하고 졸릴 때, 동료와의 사소한 트러블, 개인적인 고민거리 등 가만히 앉아 있어도 머릿속이 복잡할 때가 있다. 사람은 감정에 휘둘리는 존재이다 보니 집중을 흩뜨리는 요인은 안팎으로 무궁무진하다.

이렇게 방해 요소가 많으니 의지를 발휘해 온종일 집중하여 일한다는 생각은 어떻게 보면 환상에 불과하다. 물론 내부와 외부의 방해를 극복하고 업무에 완벽하게 몰입하는 것도 불가능한 일은 아니다. 하지만 모든 사람이 매일 그렇게 할 수 있으리라고는 기대하기 어렵다. 인사 관리 차원에서도 기업의 생산성이 달린 문제를 개인의 의지와 노력에 그저 맡겨둘 수만은 없다.

직원의 몰입과 집중을 끌어올리려면 한 사람 한 사람의 의지에 기대기보다는 효과적인 방법론을 고안해야 한다. 보통 사람들은 문제 상황이 닥쳤을 때 스스로 할 수 있는 일이 아무것도 없으면 의욕을 잃는다. 하지만 자신의 선택으로 문제 상황을 해결할 수 있다는 가능성이 있으면 사람들은 열정을 잃지 않는다. 그러니 집중할 수 없는 직원들에게 해줄 수 있는 가장 확실한 방법은 상황을 바꿀 수 있는 '선택권'을 주는 것이다.

공간을 이동할 때 벌어지는 일

기계에 사소한 문제가 생겼을 때, 대부분 껐다가 다시 켜면 문제가 해결된다. 하지만 사람은 재부팅 버튼이 없다. 그렇다면 주변의 방해로 집중이 흐트러졌을 때 사람을 재부팅하려면 어떻게 해야 할까? 기계에 없는 인간의 감각을 활용해야 한다.

인간은 감각 체계로 세상을 인지한다. 따라서 지금 하는 생각과 행동을 바꾸고 싶을 때 선택할 수 있는 가장 손쉬운 방법은 눈앞의 환경을 바꾸는 것이다. 눈에 보이고 귀에 들리고 피부에 느껴지는, 인간의 모든 감각에 영향을 주는 주변의 환경이 변한다면 인지하는 세상이 바뀌고 생각과 행동 역시 바뀐다.

환경은 인간의 행동을 형성하는 보이지 않는 손이고, 공간은 사람의 감각에 직접적인 영향을 미치는 종합 자극제다. 결국 감각의 신호를 받아들이는 것은 인간의 몸이고, 몸이 머무르는 곳은 공간과 환경이기 때문이다. 그러므로 공간을 이동하면 우리는 감각을, 생각을, 나아가 행동을 더욱 빠르고 확실하게 변화시킬 수 있다.

온종일 한자리에 꼼짝 없이 앉아서 집중하려고 노력하는 것보다 새로운 자극을 주는 환경을 경험하는 것이 오히려 업무 효율을 높인다. 새로운 환경으로 이동하고 새로운 자극에 노출되면 자연스럽게 집중력을 재부팅할 수 있다. 그러므로 오피스에는 직원들이 몸을 움직여 새로운 감각을 느낄 수 있는 새로운 공간이 필요하다.

사람이 모이는 데는
다 이유가 있다

자랑하는 공간이 아니라 활용하는 공간으로

로비를 바꾸기 전 퍼시스그룹 직원을 대상으로 진행한 설문조사에 따르면, 로비의 사용성에 만족한다고 대답한 사람은 11%로 소수에 불과했다. 로비를 사용하는 사람도 거의 없었다. 매일 로비를 이용한다고 대답한 사람은 5%에 그쳤고, 일주일에 로비를 2회 이하로 이용하는 사람은 무려 71%에 이르렀다. 즉 이제까지의 로비는 보여주는 공간, 비워두는 공간, 외부인을 위한 공간이었다.

앞으로의 로비는 어떠해야 하는지 로비의 목표를 새롭게 잡아보았다. 먼저 로비는 자랑하는 공간이 아니라 활용하는 공간이 되어야 하는데, 직원들이 사용하는 모습을 통해 퍼시스그룹의 문화가 자연스럽게 드러날 수 있다면 더할 나위 없이 좋았다. 즉 언제나 북적이는 공간, 누구든지 편안하게 쓸 수 있는 공간이어야 한다.

이는 단순히 내부 배치를 바꾼다고 해서 가능한 일이 아니다. 이러한 공간을 만들기 위해 두 가지 목표를 세웠다. 하나는 임직원이 자주 모이고 편안하게 시간을 보낼 수 있는 '생활의 공간'이고, 또 하나는 로비에서 머무는 동안 일에 대한 아이디어를 얻고 일상을 살아가는 에너지를 얻을 수 있는 '영감의 공간'이다.

새로움은 오래 지속되지 않는다

생활의 공간이 되려면 사람들이 공간을 편하게 이용해야 한다. 하지만 공간에 자랑해야 할 전시품이 가득 담겨 있다면 사람들이 편안하게 머물 수 없다. 그 공간의 주인이 사람이 아니라 전시품이 되어버리기 때문이다. 퍼시스그룹의 로비 역시 전시품이 주인인 공간이었다. 사람들은 레드 매스와 전시품에 방해되지 않도록 로비에 방문하지 않았다. 하지만 전시품을 자주 업데이트할 정도로 전시 공간을 공들여 운영하지도 못했다. 그 때문에 로비의 활용도는 매우 낮았다.

로비를 생활의 공간으로 만들기 위해 브랜딩 공간을 과감히 들어내고 그 자리에 사람들이 사용할 수 있는 공간으로 채워넣기로 했다. 먼저 브랜드를 상징하던 레드 매스를 철거하고 디자인 수상 경력 등 로비에 있던 전시품을 모두 없앴다.

결코 쉬운 결정이 아니었다. 자랑할 만한 무언가를 로비에 배치한다는 생각은 기업 마케팅에 뿌리 깊게 내린 관행이다 보니 마지막의 마지막까지 로비 계획안에는 브랜딩 공간이 포함되어 있었다. 퍼시스그룹의 제품 출시 역사를 미니어처로 만들어 전시한다는 안도 있었고, 훈장과 상장 등을 벽체 디자인으로 세련되게 전시한다는 안도 있었다. 하지만 아무리 면적을 축소하고 콘텐츠를 간소화하더라도 일단 상설 전시 공간이 포함되는 순간, 기존 로비의 이미지에서 벗어나기 어렵다. 브랜딩 공간은 공사에 들어가기 직전에야 겨우 삭제되었다. 기업의 역사와 가치도 물론 의미 있지만, 이미 지나간 과거의 모습을 보여주기보다 계속해서 변화하는 현재의 모습을 보여주는 것이 더 중요하다고 판단했기 때문이다.

많은 기업이 로비를 전시 공간으로 활용한다. 자사의 규모와 역사를 알리기도 하고, 조형물이나 예술 작품을 전시하기도 한다. 하지만 전시물이 사람들의 흥미를 끌 수 있는 유효 기간은 생각보다 짧다. 새로운 것에 대한 관심과 호기심은 오래가지 않는다. 기업의 홍보 콘텐츠는 내부 직원에게는 너무나 익숙하여 특별한 감상을 불러일으킬 수 없다. 외부인의 흥미를 불러일으키는 것 역시 처음 한 번에 불과하다. 예술 작품 역시 초반에는 신선한 영감을 줄 수 있으나 로비를 몇 번 방문하게 되면 신선함은 금세 사라진다.

로비를 전시 공간으로 활용하는 것이 항상 비효율적인 것은 아니다. 하지만 여기에는 조건이 있다. 전시 콘텐츠를 주기적으로 변경해야 한다. 매주, 혹은 매월 정기적으로 콘텐츠가 업데이트하지 않으면 사람들이 전시품에 기울이는 관심은 금방 없어진다. 만약 로비가 전시 공간으로서 제대로 운영되지 못하고 있다면, 로비의 목적과 활용도를 다시 한번 고민해봐야 한다.

로비의 기능 완성하기

로비가 직원들이 자주 사용하는 생활의 공간이 되려면 직원들의 니즈를 반영하여 공간을 구성해야 한다. 당시 퍼시스그룹 내부에서 가장 큰 요구사항은 회의 공간 확충이었다. 직원 수가 늘어나면서 회의할 수 있는 장소가 부족해졌고, 무엇보다 외부 업체와의 회의 공간이 부족했다. 업무층까지 올라올 필요 없이 외부인과 회의할 공간이 있으면 좋겠다는 의견이 많았다.

대기 공간 역시 마땅치 않다는 의견이 많았다. 당시 로비에는 전시 소파들이 다양하게 배치되어 있었다. 전시도 하면서 대기실 용도로도 사용하겠다는 의도였으나, 실제 방문객들은 로비에 놓인 소파에 앉아도 되는지, 전시품이라 만지면 안 되는지 알 수 없어서 곤란해하는 경우가 많았다. 그렇다 보니 환대의 의미를 담은 공간 구성이 필요했다.

마지막으로 주의를 환기하고 새롭게 업무에 몰입할 수 있는 리프레시 공간이 필요했다. 종일 한 장소에서 일하는 것만으로는 집중과 몰입을 달성하기 어렵다. 주변의 환경과 심리적 상태가 계속해서 바뀌기 때문이다. 따라서 업무층과 완전히 다른 작업 환경을 제공하여 공간 선택을 통한 집중력 향상을 끌어내야 한다.

이와 같은 내용들을 반영하여 세 가지 공간 프로그램을 정했다. 첫 번째는 편하게 앉아 있기 좋은 대기 공간이다. 외부인이 방문했을 때나 직원끼리 가벼운 담소를 나누며 휴식할 때 사용하는 공간이다. 이 공간은 테이블이나 의자보다는 편안한 소파와 작은 커피 테이블을 사용하여 공간을 계획하기로 했다.

예전 로비의 모습.
여러 가지 형태의 소파들이 배치되어 있었다.

두 번째는 회의하기 좋은 소통 공간이다. 외부인, 혹은 직원끼리 회의할 때 사용하는 공간이다. 이곳은 넉넉한 크기의 회의 테이블을 배치하여 노트북이나 자료를 놓고 논의할 수 있는 공간으로 만들었다. 하지만 전형적인 회의 공간과 차별점을 주기 위해 의자 종류를 다르게 배치했다. 기능이 좋은 회의용 의자보다 약간 푹신한 라운지 체어를 활용하기로 했다. 또 벽을 세우기보다 등받이 높은 가구를 사용하거나 낮은 가벽을 사용하여 공간을 구분했다.

세 번째는 혼자 일할 수 있는 업무 공간이다. 이곳은 집중이 흐트러질 때 직원들이 사용할 수 있는 공간이다. 앞의 두 공간은 다른 사람과 둘러앉을 수 있도록 계획했지만, 이곳은 다른 사람과 눈이 마주치지 않도록 했다. 다만 오랜 시간 일하는 장소는 아니라서 테이블은 최소한의 작업 면적만 보장하기로 했다.

세 공간 모두 사용자의 동선을 고려하여 배치했다. 대기 공간은 메인 입구에 가까운, 건물에 들어서자마자 처음 시선이 가는 위치에 배치했다. 로비의 입구에 위치해 있기 때문에 외부인이나 직원도 잠시 머무르기에 좋다. 회의 공간은 입구에서 멀리 떨어진 안쪽에 배치했다. 본격적인 협업을 진행해야 하므로 통행이 적은 장소를 골랐다. 업무 공간은 로비에서 2층으로 올라가는 계단 아래 쪽의 창밖을 내다볼 수 있는 자리에 배치했다. 이곳은 가장 구석자리라서 집중해서 혼자 일하기 좋다. 또한 창밖에는 사옥을 지을 때부터 가꾸어온 화단이 있는데, 이 공간 덕분에 직원들은 나무를 보며 일할 수 있게 되었다.

마지막으로 2층과 로비의 관계를 재정의했다. 기존 로비처럼 2층 역시 쇼룸으로 활용되고 있었다. 회의실이 4개 있었고, 복도에는 회의 가구가 놓여 있었다. 그 가구는 사용성에 초점을 맞추기보다 자사의 제품 카탈로그에 있는 제품을 보여주는 데 주안점을 두고 있었다. 하지만 로비의 기능이 생활의 공간으로 바뀌었으므로 2층 역시 변해야 했다. 2층은 로비에 부족한 선택지를 보완하는 공간으로 정했다. 로비에는 오픈된 가구 유닛을 중심으로 배치했기 때문에 조용한 회의 공간이 부족했다. 그래서 2층은 회의실로 구획된 회의 전용층으로 공간의 목적을 재정의하고 통로 공간에 회의실을 2개 추가하여 총 6개의 회의실을 두었다.

두 공간의 기능을 나누어 1층은 활기 넘치는 생활의 공간으로,
2층은 조용한 회의 공간으로 정의했다.

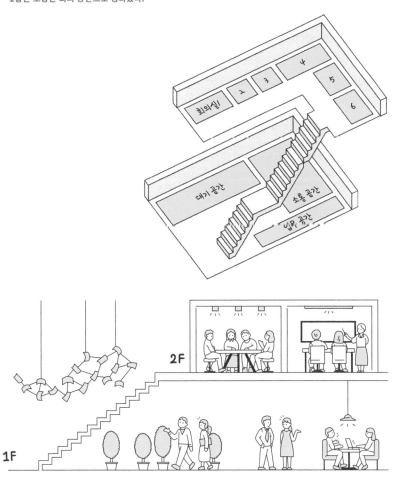

사용 목적과 인원수에 따라 원하는 공간을 선택할 수 있도록 가구 배치도 바꿨다. 웅장한 멋은 있지만, 머리를 맞대고 회의하기에는 불편한 중역 가구를 모두 들어냈다. 이로 인해 퍼시스그룹 본사에는 보통 회사라면 하나씩 있는 전형적인 중역 회의실이 모두 사라졌다. 중역 회의실의 주 사용자인 경영진들이 실용적인 공간 활용이 더 중요하다는 점에 공감했기 때문에 가능한 변화였다. 2층의 회의실 개수가 획기적으로 늘어난 것은 아니지만, 회의실 내부 구성을 실무에 적합하게 바꾸고 공간 선택의 폭을 넓혔다. 그리고 로비와 2층의 역할을 확실하게 분할하고 그에 적합한 공간으로 계획하여 최종적으로 공간 활용도를 크게 높일 수 있었다.

어떻게 매력적으로 만들 것인가

사람들이 활발하게 사용하는 공간에는 이유가 있다. 공간을 사용해야 하는 확실한 목적이 있거나 혹은 공간이 아름다워 찾아가고 싶은 마음이 들어야 한다. 공간의 사용 목적은 정해졌으니, 이번에는 아름다운 공간을 만들어 '영감의 공간'을 완성할 차례다. 찾아가고 싶은 로비를 만들기 위해 상업 공간의 콘셉트를 차용했다. 그중에서도 처음부터 생각했던 콘셉트와 가장 비슷했던 공간은 '책이 아닌 라이프 스타일을 파는 서점'으로 유명한 일본의 츠타야 서점이다.

2016년 당시 츠타야 서점은 지금까지 본 적 없는 서점이었다. 그곳은 서점이지만 책만 꽂혀 있지 않았다. 책장 옆에는 책의 주제와 관련된 물건이 놓여 있었다. 예를 들면 자전거 여행기 옆에는 자전거와 여행용 가방을 팔았고, 서점 내부에 입점한 카페에서는 커피를 팔았다. 서점 곳곳에는 테이블이 놓여 있었고 사람들은 테이블에 앉아 노트북을 들여다보거나 여유롭게 책을 읽었다. 물건을 보다가 책을 읽고, 책을 읽다가 커피를 마시며 시간을 보내는 사람들로 온종일 북적였다.[4] 전체적으로 따뜻한 느낌을 주는 우드톤의 인테리어, 커피향과 음악 소리, 편히 앉아서 책을 읽고 노트북을 사용할 수 있는 충분한 좌석들까지, 사람들이 머물고 싶게 만드는 공간의 모든 매력 요소가 한곳에 담겨 있는 모습이었다.

생각의 정원의 세부 디자인은 츠타야 서점의 '온종일 머무르고 싶은 공간'의 분위기를 참고했다.
(Shelves in bookstores by MIKI Yoshihito, CC BY 2.0)

로비 곳곳에 그와 같은 매력 요소들을 담아내고자 주조색과 보조색, 패브릭의 질감, 마감재, 빛의 온도까지 세세하게 신경 썼다. 입구에 들어서면 책장이 전면에 펼쳐지게 했다. 이 서가는 로비 전체에 서점의 느낌을 줄 뿐만 아니라 건물 밖의 주차장을 보이지 않게 가려주어 공간 전체의 분위기를 유지하는 역할을 부여했다. 책장 아래에는 짙은 회색을 주조색으로 한 푹신한 소파와 작은 커피 테이블을 배치했다. 로비 안쪽의 소통 공간은 바닥을 우드 패널로 마감하여 공간을 구분했다.

공간의 매력을 끌어올리기 위한 장치는 인테리어 이외에도 몇 가지 더 있었다. 하나는 향기였다. 기존 로비에도 미니 카페가 있었는데, 이를 없애지 않고 그대로 유지하여 공간 전체에 커피 향이 감돌게 하였다. 또 하나는 소리다. 로비 곳곳에 스피커를 보강하여 공간 전체에 배경음악이 흐르게 했다. 마지막은 이름이었다. 사람들이 한데 모여 생각이 싹을 틔우고 무성해지는 영감의 공간이 되라는 의미를 담아 '생각의 정원'이라는 이름을 붙였다.

과거에는 업무 공간과 상업 공간의 외양이 완전히 달랐지만, 이제는 업무 공간에서도 상업 공간의 특징을 많이 찾아볼 수 있게 되었다. 보다 유연해진 오피스 트렌드를 고려한다면 로비의 역할에도 변화가 필요하다. 로비는 오피스에 속한 공간이지만, 외부와 내부를 이어주는 특성 때문에 다른 오피스 공간에 비해 상업 공간의 특징을 적극적으로 적용해도 어색함이 덜하다. 게다가 로비에 상업 공간의 특징이 많이 반영된다면 로비를 방문하는 직원들에게 업무 공간과 색다른 분위기를 제공하여 새로운 자극은 물론 편안한 느낌을 줄 수 있다. 이는 최종적으로 직원의 집중력 향상에 도움이 되고, 사람들이 오래 머무르는 공간이 되어 공간 효율까지 높일 수 있다.

소통 공간은 입구에서 멀리 떨어진 안쪽에 배치했다.
벽을 세우기보다 등받이 높은 가구를 사용하거나 낮은 가벽을 사용하여 공간을 구분했다.

계단 아래쪽, 창밖의 정원을 내다볼 수 있는 자리에는 개인 업무를 처리할 수 있는 핫데스크가 있다.

생각의 정원 ─변화의 시작, 활용하는 로비

생각의 정원에 들어서면 서가와 소파가 한눈에 들어온다. 서가는 로비 전체에 서점의 느낌을 줄 뿐만 아니라 건물 밖의 주차장을 보이지 않게 가려주어 공간 전체의 분위기를 유지하는 역할도 한다.

생각의 정원 ―변화의 시작, 활용하는 로비

IT 기반부터 확실하게 준비할 것

인테리어는 찾아가고 싶은 공간을 만들어낼 수는 있어도 온종일 머무르고 싶은 공간을 완성하지는 못한다. 츠타야 서점이 단지 인테리어가 멋지다는 이유로 사람들의 사랑을 받은 것은 아니다. 사람들은 무언가 할 일이 있을 때 공간에 오래 머무른다. 공간의 변화는 사람들의 행동이 더해질 때 비로소 완성되기 때문이다.

생각의 정원은 상업 공간이 아니라서 물건을 구경하며 시간을 보내는 공간이 될 수는 없다. 대신 일을 하고 커피를 마시고 책을 읽으며 시간을 보낼 수 있다면, 많은 사람이 오래 머물 수 있을 것으로 생각하고 로비에서 일할 수 있는 환경을 만들기로 했다.

당시 퍼시스그룹은 자리 중심의 업무 환경이었다. 각자의 자리에 유선 랜이 연결된 데스크톱과 유선 전화기가 있었다. 데스크톱은 다른 공간에서 일할 수 없는 이유였다. 대부분의 업무를 컴퓨터로 진행하므로 자리를 벗어나면 짧은 협의나 휴식 정도밖에 할 수 없었다. 유선 전화기 역시 사람들이 자리를 떠날 수 없는 이유였다. 자리를 비우면 전화를 받을 수 없다. 이 때문에 회의나 외근 등 꼭 필요한 상황이 아니면 자리를 지키고 있어야 했다.

이 같은 업무 환경을 바꾸지 않은 채 로비 디자인만 바꾼다면 제대로 된 변화를 끌어낼 수 없다. 근사한 인테리어만으로는 공간을 완성할 수 없다. 직원들이 자리를 벗어나 자유롭게 돌아다닐 수 있는 환경이 갖춰져야 비로소 매력적인 공간은 힘을 발휘한다.

우선 직원들에게 노트북을 제공했다. 노트북을 사용하고 싶다는 직원들의 신청을 받아 장비를 교체했다. 마침 직원들 사이에서도 노트북을 이용하여 모바일 업무를 하고 싶다는 목소리가 계속해서 나오던 참이었다. 외근이 많거나 서류 업무를 주로 하는 직원들 대부분은 데스크톱에서 노트북으로 변경했다.

유선 전화기도 없앴다. 대신 직원 소유의 스마트폰에 내선 전화를 연결할 수 있는 모바일 내선 전화 시스템을 사용하기로 했다. 빠르고 수월하게 전사로 확대된 노트북과 달리 모바일 내선 전화는 도입이 쉽지 않았다. 업무 연락을 개인 스마트폰으로 받는다는 점에 대한 직원들의 심리적 저항이 컸던 만큼 모바일 내선 전화 시스템을 도입하는 목적을 꾸준히 설명해야 했다. 유선 전화기에 매여 있는 한 우리는 자리를 벗어날 수 없고, 그러면 우리가 원하는 모바일 업무는 불가능하다는 점을 차근차근 설명했다.

마지막으로 이 모든 모바일 환경을 완성할 수 있도록 전사에 무선 인터넷을 설치했다. 기존에 로비에서 사용하던 무선 인터넷은 외부인을 위한 인터넷이라 보안상 클라우드나 기업 포털 등 주요 업무 시스템에 접근할 수 없었다. 생각의 정원에 보안 문제를 해결한 무선 인터넷이 추가되어 업무 시스템에 문제 없이 접근할 수 있게 되자, 자리를 벗어난 업무 진행이 가능해졌다.

공간을 완성하는 리더의 역할

새로운 공간을 만든다는 것은 단순히 물리적 환경을 개선하는 것 이상의 변화를 의미한다. 생각의 정원은 생활의 공간과 영감의 공간이라는 목표에 맞춰 인테리어와 가구 배치, IT 장비 등을 개선하여 공간 활용도를 높이고 직원들이 자유롭게 사용할 수 있는 공간으로 만들었다. 하지만 이러한 공간 계획은 직원들이 업무 시간에 로비에 내려와 일해도 된다는 인식이 없다면 아무런 의미가 없다. 즉 사람들이 먼저 바뀌어야 한다.

생각의 정원을 만들면서 가장 공을 들인 부분은 직원들의 인식 변화였다. 다행히 젊은 직원들과 조직의 리더들은 이러한 변화에 빠르게 적응해주었다. 젊은 직원들은 아직 기존 조직의 일하는 방식에 완벽하게 동화되지 않은 상태였고, 또한 대학생 시절부터 카페처럼 트렌디한 공간에서 생활하는 데 익숙해져 있어 생각의 정원 같은 공간을 어색해하지 않았다. 한편 팀장급이나 경영진 등의 리더는 조직이 나아가고자 하는 방향을 잘 알고 있었기 때문에 비록 어색하고 낯설어도 새로운 환경에 맞춰 변화하기 위해 노력했다.

그런데 조직 내에서 가장 변화를 받아들이기 어려워한 그룹은 예상외로 중간 연차 그룹이었다. 이들은 조직의 허리를 담당하고 있으며, 가장 열정적으로 일하는 사람들이다. 이들은 생각의 정원을 어색해했다. 자리를 벗어나는 것을 꺼렸고, 자리에 오랫동안 앉아 있는 것이 업무적으로 최고라는 생각에서 좀처럼 벗어나지 못했다. 하지만 이들의 협조가 없다면 공간 활용도를 끌어올릴 수 없었다.

리더들이 나서서 중간 연차 그룹의 변화를 만드는 데 힘썼다. 오랫동안 고착되어 있던 공간 인식을 한 번에 바꾸려면 강렬한 자극이 필요하다. 이들에게 가장 확실한 자극은 누구보다 앞장서서 변화를 주도하는 리더의 모습이었다. 퍼시스그룹의 리더들은 앞장서서 생각의 정원을 이용했다. 임원과 팀장이 함께하는 사업부 회의를 생각의 정원에서 진행했고, 주간 회의 시간이 되면 생각의 정원으로 팀원들을 불러모았다. 리더들은 틈틈이 생각의 정원을 돌아다니며 직원들과 수다를 떨고 커피를 마셨다.

리더들이 편안한 얼굴로 생각의 정원에 앉아 이야기를 나누는 장면은 중간 연차 그룹의 마음의 장벽을 허무는 데 결정적인 영향을 미쳤다. 업무 시간에 생각의 정원에 앉아 있는 것이 이상한 것이 아니며, 이곳에서 회의하고 일하는 것이 때로는 더 효과적일 수 있음을 느끼게 된 것이다.

공간이 바뀌면
행동이 바뀐다

자연스럽게 일어나는 세렌디피티

생각의 정원에는 바리스타 1명이 상주하는 작은 카페 하나가 자체적으로 운영되고 있다. 간단한 커피 음료를 무료로 이용할 수 있기 때문에 직원과 방문객 상관없이 커피를 마시며 원하는 자리에 앉아 시간을 보낼 수 있다.

카페는 매일 오전 9시 30분에 문을 연다. 이 시간이 되면 개인 컵을 든 사람들은 로비 한쪽에 길게 줄을 선다. 커피가 무료인 대신 환경 보호를 위해 종이컵을 주지 않기 때문이다. 사람들은 줄을 서 있는 동안 서로의 근황을 물으며 이야기를 나눈다. 사소한 일로 수다를 떨다가 중요한 업무 관련 협의로 발전하는 경우도 많다. 그러면 커피를 받은 뒤 근처 소파에 앉아 대화를 이어나간다. 그렇게 커피는 사람들을 생각의 정원으로 끌어들인다.

임원들도 예외는 아니다. 이들 역시 직원들과 함께 줄을 서서 커피를 기다린다. 줄을 서서 기다리다가 직원들과 이야기를 나눈다. 모여 앉아 이야기를 나누는 직원들을 발견하면 가볍게 질문을 건네며 대화를 나누기도 한다.

세렌디피티는 의도하지 않은 만남을 통해 직원과 직원 사이의 소통 기회를 늘린다. 여기서 중요한 것은 서로 대화가 시작되어야 한다는 점이다. 사람들은 50m 이상 떨어져 있으면 서로 대화를 거의 하지 않고, 층이 나뉘어 있으면 완전히 단절된 상태로 살아간다. 이런 상태가 되면 대면 소통은 물론이고 전화나 메신저, 메일 같은 비대면 소통까지 줄어든다.[6]

하지만 생각의 정원은 여러 층에 흩어져 있는 직원들을 한곳에 모은다. "안 그래도 할 말이 있어서 전화하려고 했는데"가 이곳에서는 흔한 인사말이다. 굳이 시간을 내어 특별한 이벤트를 기획하지 않아도 직원을 한데 모아 소소하고 빠른 정보 교류가 가능해진다. 거리가 멀어지고, 층이 갈리면 직원들은 일상적으로 마주칠 수 없다. 그러므로 회사 사람들이 매일같이 오가는 특정한 장소가 필요하다. 굳이 시간을 정해서 만나지 않더라도 때로 잠시 지나치며 나누는 찰나의 대화가 서로에게 더욱 의미 있는 영향을 주기도 한다. 생각의 정원은 미리 약속을 하지 않아도 사람들이 자연스럽게 모이고 흩어지는, 우연한 만남의 장이 되었다.

1층부터 10층까지 빠짐없이 사용한다

기업에게 사옥이란 가장 비싼 자산 중 하나다. 서울 오피스 평당 매매 가격은 2020년 1분기 기준 2,070만 원이다.[7] 이렇게 값비싼 자산을 제대로 활용하지 못한다면 기업 입장에서 매우 큰 손실이다.

퍼시스그룹 사옥 1층에 생각의 정원이 문을 연 이후 직원들은 1층에서 시간을 보내는 일이 많아졌다. 기본적으로 본인의 자리가 있는 업무층에서 근무를 하지만, 회의를 할 때나 외부인과 미팅을 할 때 주로 1층을 사용한다. 잠시 기분 전환을 하기 위해 1층에 오는 경우도 많다. 음악을 들으며 창밖의 녹음을 바라보면 복잡한 머리를 가뿐하게 정리할 수 있기 때문이다.

아예 로비에서 일하는 경우도 많아졌다. 두세 명이 모여 함께 자료를 만들 때 언제나 만석인 회의실을 이용하기에도 눈치가 보이고, 각자 자리에서 하기에도 서로의 자리가 멀어서 이야기를 나누기 힘들다. 그런 그들에게 생각의 정원은 효과적인 대안 공간이 되었다.

생활의 공간이자 영감의 공간인 생각의 정원은 단지 일상적인 업무의 공간에 머무르지 않는다. 필요에 따라 특별한 공간으로 변신하기도 한다. 연말에는 생각의 정원 한가운데에 커다란 크리스마스 트리가 놓인다. 임직원들이 올 한해 감사했던 사람에게 편지를 써서 트리에 장식한다. 이벤트는 여기서 끝이 아니다. 종무식에서 이 책갈피 중 몇 개를 추첨하여 수신자와 발신자에게 작은 선물을 준다. 감사의 마음을 담은 편지를 들으면서 훈훈한 마음으로 한 해를 마무리한다.

퍼시스그룹의 가장 큰 연중행사인 사무환경 세미나가 열리는 날이면 생각의 정원은 또 다른 모습으로 변신한다. 세미나 기간 동안 많은 고객이 방문한다. 생각의 정원에는 방문객을 등록하는 인포데스크, 전시 부스, 케이터링 등의 프로그램으로 공간이 가득 찬다. 지하홀에서 열리는 세미나 강연을 듣기 전, 방문객들은 이곳에서 가볍게 다과를 즐기며 편안한 기분으로 시간을 보낸다.

공간 구성과 콘셉트는 그해 세미나 주제에 맞춰 계획되는데, 평소 생각의 정원에는 부피가 큰 가구나 고정된 조형물이 배치되어 있지 않기 때문에 공간 변경에도 크게 어려움이 없다. 어떤 목적의 기능이든지 필요에 따라 유연하게 수용 가능하기 때문에 활용도를 더욱 극대화할 수 있다.

이러한 1층 공간의 활발한 사용은 경제적인 가치뿐만 아니라 직원들의 업무 효율에도 긍정적인 영향을 주고 있다. 이제 직원들은 온종일 자기 자리에 갇혀 일하는 게 아니라 1층부터 10층까지 모든 공간을 활용하며 일할 수 있다. 공간의 선택권이 주어지면 직원들은 책상 하나가 아니라 사옥 전체를 가졌다는 느낌을 받는다. 생각의 변화는 몸의 변화에서부터 시작된다. 고정된 자리에 갇힌 몸은 자유로운 생각의 발산을 가두고 제한한다. 한 가지 공간만 사용할 수 있는 직원보다 사용할 수 있는 공간 선택지가 많은 직원이 더 자유로운 아이디어를 내놓을 수 있다. 제대로 만들어진 로비는 직원들의 휴식 시간만을 늘리는 게 아니다. 직원들의 집중 시간을 늘리고, 결국 직원들의 하루 업무 효율을 높인다. 생각의 정원은 업무 공간과 다른 내안 공간으로서 직원들이 창의성과 업무 효율을 높이는 데 큰 도움을 주고 있다.

생각의 정원은 여러 층에 흩어져 있는 직원들을 한곳에 모은다.
"안 그래도 할 말이 있어서 전화하려고 했는데"가 이곳에서는 흔한 인사말이다.

로비에서 일을 하는 경우도 많아졌다. 생각의 정원은 두세 명 규모의 프로젝트 업무에
효과적인 대안 공간이 되었다.

생각의 정원 ―변화의 시작, 활용하는 로비

매년 세미나 기간이 찾아오면 생각의 정원은 프리미엄 라운지, 케이터링 공간, 컨설팅 존 등
그해 세미나 콘셉트에 맞춰 모습이 바뀐다.

기업의 문화를 상징하는 브랜딩 공간

생각의 정원은 퍼시스그룹이 추구하는 가치를 보여주는 상징적인 공간이다. 기업의 주력 제품, 비전과 목표를 직접 전시하는 방식 대신 공간을 사용하는 기업의 모습을 통해 자연스럽게 퍼시스그룹이 어떤 가치를 추구하는지 보여준다.

대부분의 방문객은 생각의 정원을 처음 보고 많이 놀랐다고 속내를 털어놓는다. 단지 가구를 튼튼하게 잘 만드는 제조 기반 회사인 줄 알았는데, 이렇게 공간을 멋지게 활용하는 역량이 있는 줄 미처 몰랐다고 말한다. 생각의 정원에서 마주치는 직원들의 밝은 표정이 인상적이라는 이야기도 많이 듣는다. 면접을 보러 온 청년들도, 협업을 하러 온 외부 업체 직원들도 이곳 사람들은 참 즐겁게 일하는 것 같다고 말한다.

퍼시스의 고객 중에는 '우리 로비도 생각의 정원처럼 바꿔달라'고 요청하는 이들도 많았다. 안타깝게도 창의 위치, 벽체의 유무, 건축 환경 등의 차이로 똑같은 모습으로 바꿔줄 수는 없었다. 대신 직원들이 자리 이외에 사용할 수 있는 공간을 만들고, 업무 시간에 자유롭게 그곳을 이용할 수 있다는 콘셉트를 각 기업의 환경에 맞추어 계획했다.

물론 생각의 정원이 생겨난 직후에는 업무 시간에 그곳을 이용하는 직원들을 낯설고 불편하게 느낀 사람도 있었다. 하지만 리더부터 앞장서주었던 적응 시간 덕분에 생각의 정원은 퍼시스그룹 사람들의 삶에 완전히 자리 잡을 수 있었다.

변화의 해빙 단계로 진입하다

퍼시스그룹은 공간의 힘을 믿는다. 공간 가치를 창조하고 사람과 공간을 이어주는 제품과 서비스를 제공하여, 다양한 생활환경에서 더욱 많은 사람들의 삶의 질 향상에 기여하고자 한다. 생각의 정원은 전시 공간으로 계획된 공간이 아니다. 하지만 지금 생각의 정원은 퍼시스그룹을 찾아오는 방문객에게 직원들의 표정으로, 일하는 모습으로 브랜드가 추구하는 목표를 뚜렷하게 표현하고 있다.

생각의 정원이 전 직원의 일상에 퍼시스그룹의 목표를 각인하는 확실한 내부 브랜딩의 공간이 되었다는 점에서도 의미 있는 결과다. 아무리 좋은 메시지라도 단순히 머리로만 이해하는 것과 직접 체험하고 공감하는 것은 다르다. 퍼시스그룹의 직원들은 생각의 정원을 통해 공간의 변화가 어떤 효과를 가져다주는지 직접 경험했다.

사람은 누구나 새로운 변화에 막연한 불편함과 두려움을 느낀다. 사회심리학의 개척자로 불리는 르윈(Lewin)은 이러한 문제를 극복하고 조직의 변화를 끌어내려면 해빙(Unfreeze), 변화(Change), 재동결(Refreeze)의 3단계가 필요하고 설명한다.[8] 생각의 정원을 만들고 사용한 경험은 퍼시스그룹에게 해빙의 단계였다. 생각의 정원은 로비라는 특수성 덕분에 다른 공간에 비해 적은 부담으로 공간 변화를 시도할 수 있었다. 업무 공간이 아니라서 직원들이 자리를 옮길 필요도 없었고, 생소한 콘셉트에도 과감하게 도전할 수 있었다. 면적도 넓지 않아 비용의 부담도 적었다. 여러 모로 처음에 적합한 프로젝트였다.

이를테면 생각의 정원은 도미노의 첫 번째 블록 같은 공간이다. 생각의 정원이 제대로 만들어질 수 있었기 때문에 다음 블록도 움직일 수 있었다. 공간은 일상을, 사람을, 조직을, 그리고 기업을 바꾼다. 생각의 정원은 그 사실을 증명했다. 생각의 정원 덕분에 퍼시스그룹은 공간을 바꾸고, 일하는 방식을 바꾸고, 기업 문화를 바꾸는 여정을 시작할 수 있었다.

Focus Zone

장시간 집중 업무가 필요할 때 몰입할 수 있는
개인 집중 업무공간

광화문센터
스마트워크 시대
또 하나의 오피스

"이제 오피스는 효율 좋은 업무 공간,
가장 매력적인 일터로 변신해야 한다."

익숙하지만 낯선 개념,
스마트워크

이곳은 광화문센터입니다

광화문센터는 서울 광화문 D타워 15층에 위치한 퍼시스그룹의 쇼룸 겸 업무 공간이다. 전체 면적은 약 300평인데, 쇼룸으로 사용되는 공간을 제외하면 약 200평의 공간을 업무 공간으로 사용하고 있다. 쇼룸이 전체 면적의 30% 정도를 차지하고 있지만, 광화문센터는 전시 공간이 아니다. 광화문센터는 퍼시스그룹 직원들이 언제든지 쓸 수 있는 또 하나의 오피스다.

퍼시스그룹 본사, 연구소, 공장 직원 누구든 노트북만 들고 오면 회사 인프라를 100% 활용할 수 있다. 회의 시스템도 잘 갖춰져 있고 집중 업무 공간부터 프로젝트 업무 공간까지 다양한 공간이 준비되어 있다. 서울의 중심지 광화문이라는 위치적 이점이 더해져 외근을 나가기 전에 잠시 머무르는 베이스캠프의 역할도 제대로 수행하고 있다. 참신한 사무환경 전략이 아낌없이 구현되어 있기 때문에 사무환경을 개선하고 싶은 고객과 회의할 때 초대하기에도 아주 좋다. 광화문센터는 본사 밖의 새로운 업무 공간으로 만들어졌다. 퍼시스그룹에 스마트워크센터가 필요했기 때문이다.

숨쉬듯 자연스러운 스마트워크

스마트워크센터는 왜 필요할까? 스마트워크센터란 근로자가 자신이 원래

근무하는 오피스가 아닌 다른 지역에서 일할 수 있도록 마련해둔 원격 근무 공간이다. 본사와 동일한 수준의 인프라를 갖추고 있어 본사와 원활한 커뮤니케이션이 보장된다. 그래서 외근을 나갔을 때 거점 공간으로 활용하거나 주거지에서 가까운 장소로 출퇴근하여 통근 시간을 줄일 수 있다.

스마트워크센터가 있으면 사람들은 본사까지 가지 않아도 일할 수 있다. 굳이 본사에 출근하지 않아도 일할 수 있는 공간, 스마트워크센터는 이름 그대로 사무환경 전체를 스마트하게 바꾼, 스마트워크를 위한 공간이다.

하지만 이러한 설명은 더 이상 특별한 감흥을 불러일으키지 않는다. 벌써 스마트워크라는 단어가 등장한 지 10년 가까운 시간이 흘렀다. 이미 우리가 일하는 환경은 스마트워크라는 단어를 따로 언급할 필요가 없을 정도로 스마트하게 바뀌었다. '장소와 시간 제약이 없다'는 표현은 우리 일상을 묘사하는 평범한 문구가 되었다. 사람들은 모두 초고속 인터넷이 연결된 스마트폰을 들고 다닌다. 이제 일할 수 있는 장소가 무한히 늘어났다. 집에서, 카페에서, 달리는 자동차 안에서, 어디든 인터넷만 연결되어 있다면 사람들은 그곳에서 일할 수 있다.

유동적으로 전환되는 공간

스마트폰이 우리 생활 속으로 들어오면서 사람들이 생각하는 방식은 완전히 달라졌다. 예전에는 행동과 공간은 떼어낼 수 없는 관계였다. 특정 행동은 특정 공간에서만 발생했다. 물건을 사려면 가게에 가야 했고, 일을 하려면 오피스에 가야 했다.

하지만 스마트폰 시대에 이러한 사고관은 더는 유효하지 않다. 쇼핑도 일도 자기 방 침대에 누워서 할 수 있다. 이제 사람들은 공간과 행동을 따로 떼어놓고 생각한다. 어떤 행동을 하기 위해 특정 공간을 찾아간다는 선후 관계가 부서졌다. 쇼핑은 자기 침대에서 할 수도 있고, 가게에 가서 할 수도 있다. 공간은 선택사항이 되었다.

이제 공간은 목적과 활용도가 뚜렷한 매력적인 장소로 바뀌어야 한다. 공간에 매력이 없다면 사람들은 그곳에 가지 않는다. 오프라인 쇼핑몰이 체험 중심의 공간으로 변신하는 이유다. 아웃도어 물품을 파는 가게는 실내 클라이밍장을 운영하고, 악기 판매점은 음악 교실을 열어 레슨을 제공한다. 단지 물건을 고르고 판매하는 공간을 넘어 물건의 가치를 체험하고 활용도를 재볼 수 있는 공간으로 재정의되고 있다. 더 즐거운 경험을 선사하는 매력적인 공간이 되어 고객의 선택을 받으려고 노력한다.

일 역시 마찬가지다. 굳이 본사 오피스까지 가지 않아도 많은 일을 처리할 수 있으므로 단순히 개인 업무만을 하려고 오피스에 출근하는 사람은 점점 줄어들 것이다. 이제 오피스는 효율 좋은 업무 공간, 가장 매력적인 일터로 변신해야 한다. 그리고 몰입과 소통을 상황에 맞게 지원해주는 유연한 공간으로 재탄생해야 한다.

기계가 공간을 바꿨다

일하는 방식은 일하는 공간을 바꾼다. 이는 과거의 사례를 살펴보아도 자명하다. 워크 툴이 종이와 펜에서 컴퓨터와 키보드로 바뀌었을 때, 사무환경은 크게 변했다. 종이에 손으로 작성한 서류는 엑셀이나 파워포인트로 만든 파일로 바뀌었다. 기업의 업무 성과도 캐비닛 속 서류 뭉치에서 컴퓨터 하드디스크 안의 파일로, 클라우드 서버로 옮겨갔다.

컴퓨터가 일하는 주요 수단이 되자 사무환경은 컴퓨터를 중심으로 재편되었다. 종이와 펜으로 일하던 시절에 컴퓨터는 업무의 보조 수단이었다. 그 당시 사무환경에는 크게는 팀 단위로, 작게는 2인 1조로 컴퓨터 한 대를 공유했다. 팀에서 사용하는 공유 컴퓨터는 오피스 한구석에 놓여 있었고, 2인 1조로 사용하는 컴퓨터 역시 주 업무를 진행하는 책상이 아니라 책상과 사이에 U형 익스텐션을 추가하여 컴퓨터를 올려놓았다. 컴퓨터는 필요할 때 잠깐 사용하는 도구였고 배치된 위치 역시 오피스 주변부였다.

워크 툴이 종이와 펜에서, 컴퓨터로,
그리고 모바일 디바이스로 진화하면서
오피스에 필요한 면적은 줄어들었지만,
일할 수 있는 장소는 점점 확장되었다.

모든 사람이 컴퓨터를 사용해 일하는 지금, 컴퓨터는 사무환경의 중심에 있다. 책상마저 컴퓨터의 크기에 맞춰 형태가 바뀐다. 커다란 CRT 모니터를 사용할 때는 L형의 커다란 책상을 썼고, 얇은 LCD 모니터와 노트북을 쓰는 지금은 일자형의 작은 책상을 쓴다. 가구 배치 역시 마찬가지다. 대부분의 오피스에서 책상을 독립 배치하기보다 여러 책상을 연결하여 배치한다. 이는 업무 특성에 따른 배치이기도 하지만, 동시에 한 플러그에서 최대한 많은 책상의 전원을 공급하여 전선 처리를 쉽게 하려는 목적도 포함되어 있다.

20년 전 컴퓨터가 그랬던 것처럼, 스마트폰은 사무환경을 바꾸고 있다. 지금까지 오피스는 반드시 방문해야 하는 장소였다. 그곳에 가지 않으면 일을 할 수 없는 장소고, 그곳에 머무르는 시간 자체가 근무 시간으로 인정받는 유일한 장소였다.

하지만 스마트폰과 스마트워크가 일상화되면서 오피스의 역할이 바뀌었다. 오피스는 더 이상 근태를 확인하는 도구가 아니다. 이제 오피스는 근무의 효율을 높이기 위한 도구가 되어 사람들이 머무르는 동안 가장 효과적으로 일할 수 있도록 도와주는 곳이어야 한다.

스마트워크센터의 힘

스마트워크센터는 이러한 새로운 오피스의 역할에 충실한 공간이다. 초고속 인터넷에 연결된 스마트폰과 노트북이 있어 이제 우리는 어디서나 일할 수 있다. 최근 COVID-19의 영향으로 재택근무를 시작한 기업도 많아졌다. 하지만 아직도 많은 사람들은 집에서 일한다는 선택지가 주어져도 오피스로 출근한다.

COVID-19는 잘 갖춰진 오피스의 힘을 여실히 보여줬다. 재택근무 기간이 장기화될수록 집에서 일하는 것은 예상보다 쉽지 않았다. 회사를 벗어나 편안한 집에서 몸도 마음도 여유롭게 일하면 마냥 좋을 줄 알았지만, 바닥이나 식탁 의자에 앉아서 일하다 보니 등과 허리가 아프고, 독립적인 공간이 부족하여 업무에 집중하기 어려웠다.[9] 또한 집은 오피스와 달리 일할 수 있는 환경이 제대로 갖춰지지 않아 업무 효율을 최대로 끌어올리기 어려웠다. 미국의 사무가구 기업 해워스(Haworth)는 5월 온라인으로 진행한 웨비나[10]에서 아시아태평양 지역의 근로자들이 미국 유럽 지역의 근로자에 비해 재택근무가 원할하지 못하다고 지적했다. 그 원인으로 중국과 홍콩의 주택이 미국과 유럽의 주택에 비해 규모가 작아 적절한 업무 공간을 마련하기 어렵다는 점을 짚었다.[11]

길어야 2주라고 생각했던 재택근무가 1달 이상으로 장기화되자 홈 오피스를 갖추려는 사람들이 늘어났다. 편안한 의자, 화상 회의용 카메라와 마이크, 모니터 거치대 등 재택근무 관련 상품 판매가 급증했다.[12] 하지만 곳곳에 스마트워크센터를 마련해둔다면, 직원들이 본사에 방문하지 않아도 일할 수 있고, 집이나 카페와 달리 조직의 업무 특성을 갖추고 있어 체계적으로 일할 수 있다. 또한 직원들을 여러 공간에 분산 배치할 수 있어 공간 밀도를 낮출 수 있다.

스마트워크센터는 앞으로의 오피스가 지향해야 하는 모습 중 하나이다. 업무에 가장 적합한 공간을 골라 일할 수 있고 본사도 가도 되고 스마트워크센터로 가도 된다. 이제 아침에 어디로 출근하는지는 크게 중요하지 않을 것이다. 스마트워크가 몰고 올 사무환경의 변화다.

형태는 기능을 따른다

코워킹스페이스는 매력적이지만

2010년 위워크가 미국 뉴욕에서 공간을 사무공간으로 분할 임대하는 사업을 시작했다. 이후 이 사업은 코워킹스페이스라고 불리며 전 세계로 뻗어나갔다. 5년 후 코워킹스페이스가 한국에 상륙했다. 2015년 4월 패스트파이브 1호점이 문을 열었고, 2016년 8월 위워크 1호점이 문을 열었다. 코워킹스페이스는 들불처럼 번져나갔다. 광화문센터를 만들던 2017년 1월에는 서울 시내에 총 27곳의 코워킹스페이스가 생겨났고[13], 2020년 4월에는 175곳으로 증가했다.[14]

코워킹스페이스는 공간 임대 사업을 넘어서 새로운 사무환경의 상징이 되었다. "이렇게 일할 수도 있구나!" 하고 많은 사람들이 코워킹스페이스에 감탄했다. 전형적인 사무실 풍경 대신 카페 같은 라운지에 흩어져 원하는 자리를 골라 자유롭게 일하는 사람들의 모습은 기존의 사무환경에 충격으로 다가왔다.

단지 공간을 빌려주는 것에 그쳤다면 코워킹스페이스는 이렇게 흥미로운 현상이 될 수 없었을 것이다. 코워킹스페이스는 이전의 공간 임대업과 다르다. 이전의 공간 임대업이 '공간'만 대여했다면, 코워킹스페이스는 새로운 일하는 방식을 제시했다.

앞서 언급한 대로 공간이란 결국 도구다. 우리는 공간에서 사람을 만나고 일을 하며 삶을 이어간다. 코워킹스페이스는 이런 도구적 공간으로서 충실한 사무환경을 제공한다. 대부분의 코워킹스페이스는 정해진 책상을 빌리지 않아도 공간을 사용할 수 있다. 공간 사용료만 지불하면 라운지 어디서든 앉아 일할 수 있다. 특정 지점으로 한정되는 것이 아니라 전 세계 어느 지점이든 라운지 공간을 이용할 수 있다. 종로에 일이 있다면 종로 지점에, 강남에 일이 있다면 강남 지점에 방문하여 일하면 된다.

이러한 공간 활용 방식은 특정 공간에 방문하는 것이 곧 근무라는 과거의 방식에서 벗어난 스마트워크의 모습을 보여준다. 코워킹스페이스를 생각하면 라운지에 앉아 일하는 사람들의 모습이 가장 먼저 떠오른다. 도구적 공간이라는 관점에서 생각해본다면 라운지에 앉아 일하는 사람들의 모습이 코워킹스페이스의 대표 이미지로 자리 잡은 것은 결코 우연이 아니다.

코워킹스페이스에서 일하는 모습은 매일 똑같은 장소에
출근하여 일해야 한다는 기존의 고정관념을 뒤흔들었다.
(Photo by Annie Spratt on Unsplash)

우리에게 필요한 것은 스마트워크센터

코워킹스페이스가 보여주는 사무환경의 가능성은 흥미롭다. 하지만 코워킹스페이스를 연구할수록 이 공간을 그대로 일반 오피스에 적용하기는 어렵다는 결론에 다다랐다. 코워킹스페이스는 근본적으로 공간 임대 사업이다. 보증금 없이 역세권의 공간을 사용할 수 있다는 점이 코워킹스페이스의 가장 큰 장점으로, 당장 필요한 공간을 빠르게 사용하고 싶은 이들에게 인기를 얻었다. 이 때문에 코워킹스페이스 안에서 일하는 사람들은 같은 조직에 소속된 사람이 아니라 이해관계가 없는 익명의 집단이 되었다.

라운지 공간은 다채롭지만, 일반 업무 공간은 단조롭다는 점도 문제였다. 코워킹스페이스의 라운지는 소파, 부스, 카페테리아, 집중 업무 공간 등 다양하고 매력적인 공간으로 채워져 있지만, 업무 공간은 정해진 공간에 최대한 많은 책상을 빽빽하게 배치하는 경우가 대부분이었다. 다시 말해 주 근무지라고 볼 수 있는 업무 공간에서 근로자에게 충분한 선택지를 제공하지 못하고 있어 사무환경의 균형이 제대로 맞춰져 있지 않았다. 이러한 코워킹스페이스의 모습을 그대로 기업의 사무환경에 이식할 수는 없었다.

광화문센터를 코워킹스페이스가 아니라 스마트워크센터로 만든 건 이런 까닭에서였다. 이미 생각의 정원으로 사람들은 자기 자리 이외의 장소에서 일하는 것이 가능하다는 것을 체험했다. 이제 퍼시스그룹에 필요한 건 본사 밖에 있는 업무 공간이었다. 외부인과 함께 사용하는 코워킹스페이스가 아닌 조직 구성원이 사용할 수 있는 또 하나의 오피스여야 한다. 그래서 코워킹스페이스가 아닌 스마트워크센터를 만들어 직원들이 언제든지 사용하는 공간으로 만들기로 했다.

퍼시스그룹 본사는 송파구에 있다. 본사가 서울의 동남쪽에 있기 때문에 스마트워크센터는 서울의 서북쪽에 마련하는 목표를 세웠다. 서울이라는 공간 안에서 균형을 맞추고 싶었다. 서울 강북권에 근무하는 직원들이 송파구가 아니라 광화문으로 출근한다면 통근 시간을 크게 줄일 수 있어 직원들이 공간을 많이 사용할 것으로 생각했다. 그것이 광화문에 스마트워크센터를 마련한 이유다.

광화문센터는 일반적인 오피스 모습을 참고하는 대신, 직원들의 실제 업무를 지원할 수 있도록 워크라운지, 커뮤니케이션 존, 포커스 존, 서포트 존으로 공간을 나누어 계획했다.

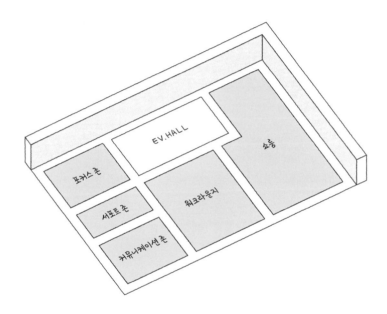

다채로운 공간 선택지

광화문센터는 사람들이 자신의 일하는 방식에 맞춰 원하는 공간을 선택하여 일할 수 있다. 근로자가 공간을 선택한다는 아이디어는 앞으로 다가올 미래 사무환경에서 꼭 필요한 가치다. 지금까지 제안해온 사무환경을 넘어서 새로운 사무환경을 만들려면 이 아이디어를 적용한 공간을 직접 만들고 실제로 써봐야 한다. 그래서 광화문센터는 라운지뿐만 아니라 업무 공간까지 직원의 선택지를 충분히 제공하는 장소로 만들기로 했다. 일반적인 오피스의 모습을 참고하지 않고, 직원들의 실제 업무 방식을 지원한다는 목적을 가지고 공간 전략을 세웠다.

우선 4개의 공간 선택지를 만들었다. 워크라운지(Work Lounge), 커뮤니케이션 존(Communication Zone), 포커스 존(Focus Zone), 서포트 존(Support Zone)이다. 워크라운지는 간단한 업무와 고객 상담을 하는 곳이고, 커뮤니케이션 존은 팀 단위의 회의와 협업을 하는 곳이다. 포커스 존은 집중 업무가 필요한 사람들이 머무른다. 서포트 존은 폰 부스, 그래픽 룸, 휴식 공간 등 업무를 보조할 때 사용하는 공간이다.

워크라운지, 커뮤니케이션 존, 포커스 존, 서포트 존을 구분한 이유는 열린 공간만이 사무환경의 답은 아니기 때문이다. 좋은 업무 환경은 열린 공간과 닫힌 공간을 골고루 제공하여 직원들이 선택할 수 있어야 한다. 광화문센터에 방문한 직원들이 집중하고 싶을 때는 집중하고, 소통하고 싶을 때는 소통하려면 공간 전체에서 집중과 소통의 균형을 잘 잡아야 한다. 이를 위해 4개의 공간으로 나누고 각 공간의 커뮤니케이션 수준을 조절하는 데 신경 썼다.

편하게 머무르는 워크라운지

워크라운지는 광화문센터에 들어서면 가장 먼저 보이는 장소다. 사람과 사람이 만나고 대화하는 교류의 장이기 때문에 처음 방문하는 사람도 부담 없이 쓸 수 있는 공간이 되도록 계획했다. 라운지에는 보통 푹신한 소파와 예쁜 소파 테이블 세트를 배치하는 경우가 많다. 가장 라운지 같은 이미지를 만들수 있고 편안하게 시간을 보낼 수 있다는 장점이 있어서다. 하지만 소파는 사적인 공간에 많이 사용되는 가구이기 때문에 워크라운지라는 업무 공간에 놓이면 모든 사람이 편하게 사용하기는 어렵다.

사람들이 쉽게 공간을 사용할 수 있도록 생각의 정원처럼 오피스는 물론이고 상업 공간까지 조사 범위를 넓혔다. 이번에는 스타벅스에서 실마리를 얻을 수 있었다. 스타벅스는 매장의 중심에 8명에서 10명 정도가 사용할 수 있는 커다란 빅 테이블을 놓는다. 이러한 빅 테이블을 커뮤니티 테이블이라고부르는데, 카페 문화 현지화 전략 중 하나다. 이들은 한국인이 혼자 카페에 오는 것을 좋아하지만, 4인용 테이블 하나를 혼자 사용하는 것을 불편해한다는점에 주목했다. 그래서 사람들이 편안하게 카페 공간에 머무를 수 있도록 빅테이블을 배치하는 디자인 콘셉트를 개발했다.[15] 여러 개인이 공유할 수 있는빅 테이블은 혼자 커피 마시러 온 사람들이 부담 없이 앉아서 시간을 보낼 수있는 공간이 되었다.

빅 테이블은 처음 방문하는 카페에서 사람들이 홀로 편안하게 머물 수 있게 해주는 공간 전략이었다. 스마트워크 센터의 라운지도 혼자 방문하는 사람이 편안하게 사용할 수 있다면 좋을 것 같았다. 그래서 빅 테이블을 워크라운지의 중앙에 배치하기로 했다. 8인 규모의 빅 테이블을 중앙부에 배치하고소파와 소파 테이블은 주변부로 이동했다. 소파의 규모 역시 카페에서 주로사용하는 규모와 유사하게 2~3명이 사용할 수 있는 크기로 축소했다. 소파를완전히 없앤 것은 아니지만, 의자와 테이블로 구성된 유닛의 비중을 더 높였다. 마지막으로 카페 같은 느낌을 추가하기 위해 카운터와 커피 제조 공간의느낌을 낼 수 있는 탕비 공간과 미니 키친을 배치했다.

라운지 중앙에는 소파 대신 빅 테이블을 배치했다.
처음 방문하는 사람들도 편안하게 머물 수 있게 해주는 공간 전략이다.

광화문센터 —스마트워크 시대 또 하나의 오피스

빅 테이블을 중앙에 배치하고 소규모 소파와 테이블은 주변부에 배치했다.
미니 키친을 함께 배치하여 카페 같은 느낌을 냈다.

커뮤니케이션 존과 포커스 존

커뮤니케이션 존과 포커스 존은 집중과 협업의 조화를 이룰 수 있도록 업무 방식에 맞춰 분리한 공간이다. 커뮤니케이션 존은 워크라운지를 지나면 바로 나타나는 업무 공간이다. 이곳은 소규모 그룹이 함께 소통하며 일할 수 있도록 계획했다.

워크스테이션은 3인 규모와 8인 규모, 두 종류를 사용했다. 120도 데스크로 만든 3인 1셀의 프로젝트 팀 모듈과 8인 1셀의 대향식 워크스테이션을 배치했다. 데스크 사이에는 작은 원형 테이블과 스툴로 만든 퀵미팅 공간을 만들었고, 구석에는 소파와 테이블로 만든 오픈 회의 공간을 넣었다. 각자의 자리에 앉아 동료와 함께 대화할 수 있고, 필요하다면 옆에 있는 작은 회의 공간으로 빠르게 이동하여 논의를 발전시킬 수 있다.

포커스 존은 이와 반대로 혼자만의 온전한 몰입이 필요할 때 선택하는 장소다. 커뮤니케이션 존을 지나 더 깊숙한 곳에 들어가야 나타나는 포커스 존은 활기 넘치는 커뮤니케이션 존과 달리 조용하고 침착한 분위기다. 커뮤니케이션 존과 포커스 존 사이에는 서포트 존과 회의실을 배치하여 공간을 분리했다. 이 때문에 라운지와 연결되어 있는 느낌이 드는 커뮤니케이션 존과 달리 서포트 존은 단절된 공간으로 느껴진다.

포커스 존에는 높이 조절 데스크가 배치되어 있다. 일반적으로 사무실은 전선 배치와 공간 효율을 이유로 책상을 2열이나 3열로 배치한다. 하지만 이곳의 높이 조절 데스크는 1열 배치로 되어 있어 좌우에 아무도 없이 홀로 업무에 몰입할 수 있다. 높이 조절이 가능하니 집중이 흐트러질 때마다 일어나거나 자세를 바꿀 수 있어 집중 수준을 꾸준하게 유지할 수 있다. 여기에 데스크의 3면을 스크린으로 막아 훨씬 더 집중하기 좋은 공간으로 만들었다.

하지만 높이 조절 데스크는 3면이 스크린으로 막혀 있고 책상 1개 넓이의 작업 면적만 주어져 있어서 실제 사용할 수 있는 공간은 약간 작은 편이다. 이를 보완하기 위해 높이 조절 데스크 바로 옆에 벤칭 데스크[16]를 배치했다. 일반적으로 벤칭 데스크는 시야가 개방되어 있어 집중 업무에 불리하다고 여겨진다. 하지만 이곳은 공간 자체가 조용하기 때문에 작은 스크린만 달아 넓은 작업 면적이 필요한 사람들의 집중 업무 공간으로 활용할 수 있다.

포커스 존에는 일반적인 워크스테이션뿐만 아니라 독서실 느낌이 나는 집중 업무 공간도 마련했다. 포커스 존 내에 배치된 회의실 뒤편에 있는 오피스 가장 깊숙한 곳, 가장 조용하고 가장 외진 곳에 벽을 세우고 길쭉한 통로를 만들었다. 그 안에 1인용 책상과 높은 칸막이, 그리고 작은 스탠드를 배치했다. 광화문센터의 가장 구석에 있고, 주동선에서도 멀리 떨어져 있어 우연히 누군가와 마주치는 일은 전혀 발생하지 않는다. 아무에게도 방해받지 않고 일해야 할 때 사용하는 공간인 셈이다.

라운지에서 바로 연결되는 커뮤니케이션 존은 대향식 워크스테이션,
오픈 회의 공간, 120도 데스크로 구성한 유닛으로 구성되어 있다.

광화문센터 —스마트워크 시대 또 하나의 오피스

커뮤니케이션 존 한쪽에는 오픈 미팅 공간이 있다. 이곳은 동료와 함께 일에 몰입하는 장소다.

높이 조절 데스크로 만든 집중 업무 공간은 직원들이 가장 애용하는 공간이다.

포커스 존은 1인용 공간마다 스크린을 배치하여 프라이버시를 제공했다.
독서실 형태의 집중 업무 공간도 있어서 직원들은 원하는 수준의 프라이버시를 골라 일할 수 있다.

디테일이 섬세한 서포트 존

　업무의 효율은 디테일에서 차이가 나고, 쾌적한 오피스는 섬세한 배려가 모여 완성된다. 광화문센터는 서포트 존에 면적을 많이 할애했다. 서포트 존에는 폰 부스, 그래픽 룸, 휴식 공간이 모여 있다. 서포트 존의 첫 번째 목적은 커뮤니케이션 존과 포커스 존을 나누는 중간 지대다. 커뮤니케이션 존과 포커스 존 사이에 배치되어 있어 커뮤니케이션 존의 활기찬 분위기와 포커스 존의 차분한 분위기가 뒤섞이지 않게 중재한다.

　서포트 존의 두 번째 목적은 디테일과 배려다. 광화문센터에는 폰 부스가 두 종류 있다. 하나는 포커스 존에 있는 밀폐형 폰 부스이고, 또 하나는 서포트 존에 있는 반 개방형 폰 부스다. 퍼시스 사무환경 컨설팅에서 여러 기업을 대상으로 진행한 설문조사에 따르면 업무를 방해하는 소음 가운데 가장 힘든 것은 전화 통화에 의한 소음이었다. 이에 대한 해결책은 일반적으로 두 가지로 나뉘는데, 통화 소음이 시끄럽다고 느끼는 사람이 다른 곳으로 옮기거나 통화하는 사람이 다른 곳으로 옮기면 된다. 이 중 전자는 소음에 방해받는 직원이 포커스 존으로 이동하면 해결된다.

　하지만 문제는 후자다. 컨퍼런스 콜처럼 사전에 정해진 전화 통화라면 포커스 존 한쪽에 마련한 밀폐형 폰 부스를 쓰거나 회의실을 예약해서 사용하면 된다. 하지만 대부분의 전화 통화는 예상하지 못한 시간에 짧고 산발적으로 걸려온다. 이때마다 멀리 떨어진 밀폐된 장소로 가야 한다면 사람들은 자기 자리에서 전화 통화를 하게 마련이다.

　그래서 통화가 시작될 때 빠르고 쉽게 옮겨갈 수 있도록 서포트 존 통로에 반 개방형 폰 부스를 만들었다. 흡음 기능이 좋은 패브릭으로 부스 내부를 마감하고 하이체어가 있어 간단히 걸터앉을 수 있다. 커뮤니케이션 존이나 포커스 존 어디에 있더라도 전화가 오면 조금만 움직여도 폰 부스를 사용할 수 있게 했다.

그래픽 룸은 출력에 관련된 모든 업무가 이루어지는 곳이다. 일상적인 서류 업무 작업은 출력 없이 바로 결재를 받고 바로 메일로 보내는 일이 많아졌다. 스마트워크 시대가 되면서 출력은 그래픽 작업이나 외부 제출용 자료 제작 등 특수 업무가 되었다. 그런 만큼 단순히 파일을 출력하는 일보다 출력된 자료를 제본하여 책으로 만들거나 보드로 가공하는 과정이 더 중요해졌다. 퍼시스 역시 대부분의 보고서는 PDF 파일로 전달하지만, 고객이 요청할 경우 최종 제안서를 책으로 만드는 경우가 있다.

그래픽 룸에서는 이런 출력에 관련된 모든 업무를 한번에 처리할 수 있다. 프린터와 플로터가 늘어서 있고, 풀칠과 칼질, 제본 업무를 할 수 있는 테이블이 있다. 그래픽 작업을 마무리할 수 있는 고사양 데스크톱도 놓여 있다. 벽에 붙은 타공판에 칼, 자, 가위, 핀, 풀 테이프, 스테이플러 등 출력물 가공 업무에 필요한 모든 사무용품이 걸려 있다. 여러 팀이 공통으로 사용하는 카탈로그나 컬러 스와치 같은 공유 물품은 물론이고 A4용지와 메모지 같은 소모품도 함께 보관하고 있다. 그래픽 룸은 일하는 방식에 기초한 디테일과 배려의 마음으로 만들어낸 과거에 없었던 새로운 지원 공간이다.

서포트 존은 커뮤니케이션 존과 포커스 존을 분리하는 공간이자 두 공간을 이어주는 통로다.
스크린으로 칸막이를 설치한 소파와 테이블을 배치하여 휴식과 업무가 모두 가능한 공간으로 활용하고 있다.

서포트 존에 오픈 폰 부스를 마련하여 커뮤니케이션 존이나 포커스 존 어디에 있더라도
빠르게 폰 부스를 사용할 수 있게 했다.

문을 닫고 사용하는 밀폐형 폰 부스는 서포트 존이 아니라 포커스 존 근처에 있다.

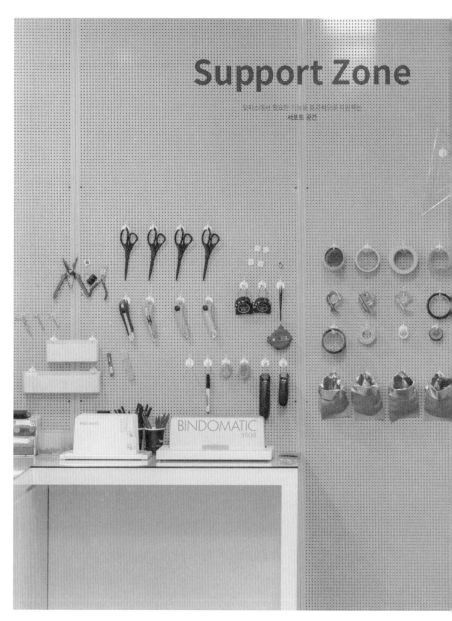

Support Zone

그래픽 룸은 출력과 가공에 관련된 모든 업무를 한 번에 처리할 수 있는 공간이다.

광화문센터 ―스마트워크 시대 또 하나의 오피스

↖
GRAPHIC ZONE

공간 전체가
스마트하게 바뀐다

새로운 선택지가 생기다

퍼시스그룹의 일하는 방식은 다시 한번 바뀌었다. 편도로만 1시간 이상이 소요되던 강북과 송파 사이의 이동 시간을 낭비하지 않고도 효율적인 업무가 가능해졌다. 그중에서도 영업팀 직원들의 활용이 돋보였다. 강북이나 강서 지역에 미팅이 있을 경우 영업팀 직원들은 광화문센터를 자주 활용했다. 오전에 강북 미팅이 있는 날에는 광화문센터로 출근하여 자신이 원하는 자리를 골라 오전 업무를 처리한 다음 고객사로 출발했다.

미팅이 끝난 뒤에도 본사로 다시 돌아가지 않고 광화문센터로 돌아와 일하는 경우가 많았다. 퇴근 시간을 한두 시간 남겨두고 미팅을 마치면 직원들은 선택의 기로에 서게 된다. 미팅 내용에 관하여 급하게 대면 보고를 해야 한다면 서둘러 본사로 복귀해야 한다. 하지만 본사의 대면 업무가 더 이상 없다면 굳이 본사로 복귀하지 않아도 된다. 본사까지 돌아가느라 시간을 허비하는 대신 가까운 광화문센터로 복귀하여 업무를 정리한 뒤 바로 퇴근할 수 있다. 이처럼 공간을 선택할 수 있게 되자 일할 수 있는 시간이 늘어났다.

또한 자신의 업무 리듬에 맞춰서 일정을 정할 수 있게 되었다. 예전에는 미팅이 강북에서 오후 1시 30분에 잡혀 있다면 선택지는 하나밖에 없었다. 본사에서 강북까지 가는 데 이동 시간이 1시간 정도 걸리니 12시 30분에는 본사에서 출발해야 한다. 그렇다 보니 점심을 평소보다 일찍 먹고 출발하거나 점심 식사를 걸러야 했다. 하지만 광화문센터가 생기자 새로운 선택지가 생겼다. 오전에 본사에서 처리해야 할 일이 없다면 광화문센터로 바로 출근한다. 본사에서 처리해야 할 일이 있다면, 오전 중으로 일을 마치고 광화문센터로 이동하면 된다. 그리고 평소대로 12시에 점심 식사를 하고 1시 30분까지 고객사로 이동하면 된다. 이렇게 선택지가 늘어나면서 직원들은 자신이 원하는 곳에서 원하는 업무를 할 수 있게 되었다.

시공간 제약에서 벗어나다

생각의 정원 이후로 차근차근 도입된 IT 툴은 광화문센터 이용을 더욱 편리하게 해주었다. 생각의 정원이 문을 연 이후 거의 모든 직원이 데스크톱에서 노트북으로 바꿔 여기저기 돌아다니며 일할 수 있게 되었다. 자리를 비우는 시간이 늘어나자 자신이 어디에 있는지 알리는 방법이 필요해졌다. 자신의 일정을 다른 사람에게 알리기 위해 온라인 공유 캘린더를 사용하기 시작했다. 공유 캘린더를 보면 그 사람이 지금 회의 중인지, 외근 중인지 알 수 있다. 공유 캘린더에 자신이 광화문센터에 출근했다는 사실을 적어놓기만 하면 팀원에게 자신의 위치를 알릴 수 있었다. 광화문센터를 오픈하고 약 1년이 지난 2018년 정식으로 출퇴근 태깅 시스템을 설치했는데, 그 이전까지 공유 캘린더는 광화문센터에 출근하는 직원들의 근태 징검다리 역할을 충실히 했다.

또 회사 내 채팅 시스템을 업그레이드했다. 예전에는 할 말이 있을 때 채팅 창을 띄우고 대화가 끝나면 꺼버리는 방식이라 대화가 끝나면 내용이 사라졌기 때문에 대화의 연속성을 보장할 수 없었다. 이 때문에 사람들은 채팅 창을 사적인 대화를 할 때만 사용하고 중요한 업무는 직접 만나서 나누거나 메일로 주고받았다. 채팅을 정식 업무에 활용하기 위해서는 채팅 창에서 나눈 이야기가 휘발되지 않고 계속해서 보존되어야 한다. 이를 위해 모든 직원의 채팅 창을 기업 인트라넷 포털 메인 화면에 이식했다.

기업 포털 메인 화면에 메일, 전자결재, 사내외 공지사항과 더불어 채팅 창을 띄우자, 채팅 창은 예전처럼 사적인 대화만 오가는 보조 도구가 아니라 직원들 사이의 공적인 대화를 나누는 메인 창구가 되었다. 대화 내용이 기록으로 남고, 이전 협의 내용을 찾아보기 수월해졌다. 또 간단한 질문을 하기 위해 직접 찾아가는 수고를 덜어주었다. 채팅을 남겨놓으면 상대방이 응답 가능한 때에 답을 해줬다. 실용적이고 편리한 채팅은 작고 소소한 대면 협의를 빠르게 대체했다. 간단한 업무 처리나 내용 확인 등이 필요할 때 직원들은 직접 만나서 이야기하기보다 채팅으로 나누었다.

덕분에 상대방이 본사에 있는지 광화문센터에 있는지 신경 쓰는 사람이 줄어들었다. 광화문센터에 출근한 사람이 할 일이 생기면 팀장이 채팅을 보냈다. 채팅으로 설명하기 어려우면 전화를 했다. 얼굴을 맞대고 긴밀하게 대화해야 하는 일이라면 우선 채팅으로 간단한 내용을 설명한 뒤 다음 날 본사로 출근하기를 요청한다. 직원이 광화문센터에 출근했다는 뜻은 집중 업무가 필요하다는 의미다. 또 직원 스스로 결정한 일하는 방식을 존중하는 팀장이 많아졌음을 의미한다.

몰입의 즐거움

영업팀 직원뿐만 아니라 본사의 다른 팀원들도 광화문센터를 자주 찾는다. 특히 오금동 본사보다 광화문센터와 더 가까운 지역에 사는 직원들의 반응이 뜨겁다. 처음에 광화문센터에 가는 이유는 서울 도심의 핫플레이스로 출근하는 즐거움, 트렌디하게 꾸며진 새로운 사무환경에서 근무해보고자 하는 호기심이었다.

하지만 몇 번 일해보니 직원들은 집중 업무가 필요할 때, 광화문센터에서 일하는게 업무 효율이 훨씬 높다는 사실을 깨달았다. 본사에서는 옆자리 팀원과의 수다, 팀장의 호출, 사람들의 업무 요청 등으로 정신없이 하루를 보내야 한다. 하지만 광화문센터에 출근해서 포커스 존을 고른다면 오롯이 자신의 업무에만 몰입하는 하루가 가능하다.

특히 집중 업무와 소통 업무를 동시에 처리해야 하는 사람들이 광화문센터로 출근하면서 탁월한 성과를 냈다. 상품기획팀이 좋은 사례다. 이들은 신상품 기획이라는 집중 업무와 상품 문의라는 소통 업무를 동시에 처리해야 한다. 본사에 있으면 많은 사람들이 상품기획팀을 찾아온다. "작년에 스크린이랑 데스크 리뉴얼했잖아요. 근데 구 사양 데스크에 신 사양 스크린 시공되나요?" "올해 초에 출시된 캐비닛 전자 키가 인기가 좋던데 일반 서랍에 붙일 수 있을까요?" 사람들의 궁금증이 시간을 정해놓고 떠오르는 게 아니다 보니 상품기획팀 사람들은 자신이 원하는 대로 하루 일정을 짜기가 쉽지 않다.

광화문센터에 출근하면 상품기획팀은 소통 업무보다 집중 업무를 우선순위에 놓고 일할 수 있다. 사람들과 소통하는 시간과 집중해서 일해야 하는 시간을 구분하여 그날의 업무 계획을 세운다. 집중 업무 시간에는 몰입하여 신상품 기획안을 작성하고 소통 업무 시간에는 사람들이 채팅으로 남긴 상품 관련 질문에 대답한다.

캘리포니아 대학 글로리아 마크 박사가 2008년 사무직 근로자 36명을 대상으로 진행한 실험에 따르면, 사무직 근로자가 오피스에서 연속해서 집중할 수 있는 시간은 약 11분에 불과하다.[17] 평균 11분 정도 집중하면 외부 자극으로 집중 상태가 흐트러진다는 뜻이다. 전화를 받거나 동료의 질문에 대답하다 보면 집중 상태가 흐트러지고 한 번 집중이 흐트러지면 다시 집중 상태에

도달할 때까지 평균 23분이 걸린다.

광화문센터 포커스 존에서 일하면 외부의 자극 없이 집중 상태를 길게 유지할 수 있다. 덕분에 상품기획팀 사람들은 본사에서 작업했다면 몇 주가 걸릴 기획안을 광화문센터에서 하루 만에 완성하기도 한다. 다시 말해 2주일간 11분 단위의 짧은 집중력으로 토막 작업하는 것보다 8시간이라는 긴 흐름에서 자신이 정한 일정에 맞춰 몰입하는 편이 업무 효율이 월등히 높다.

영감 그 자체의 공간

광화문센터는 2022년 12월을 마지막으로 운영을 마쳤다. 퍼시스그룹의 스마트워크센터는 여의도 파크원 타워1 25층으로 자리를 옮겼다. 새로운 공간에는 교류와 협업의 가치를 더해 체험형 워크 라운지「퍼시스 커뮤니티 오피스」라는 새로운 이름을 달았다.

광화문센터에 가면 퍼시스그룹 직원들이 여기저기에 흩어져 일하고 있었다. 스마트워크센터이기 때문에 일반 오피스같이 팀이나 조직의 형태에 맞춰 공간이 구성되어 있지 않았다. 업무 형태에 맞춰 공간이 구성되어 있고 직원들은 자신에게 필요한 공간을 골라 일했다.

공간이 효과적으로 활용되자 고객들 역시 새롭게 일하는 방식의 힌트를 얻기 위해 광화문센터를 방문하기 시작했다. 광화문센터의 모습을 살펴보고 퍼시스그룹 직원들이 스마트워크센터에서 어떻게 일하는지 둘러보며 아이디어를 얻어갔다.

한 차례의 견학에 그치지 않고 광화문센터에서 직접 일해보면서 뿌듯한 몰입의 순간을 느껴보기도 했다. 발표회나 세미나 같은 단체 행사를 광화문센터에서 진행하고 싶다고 문의하는 경우도 많았다. 이 때문에 광화문센터는 라운지와 세미나실 대관서비스를 제공했다. 방문객은 행사 시작 전까지 라운지에 머물거나 업무 공간에 앉아서 시간을 보내다가 행사가 시작되면 세미나실에 모였다. 이러한 모습은 커뮤니티 오피스에서 본격적으로 구현되어 기업 고객을 대상으로 회의 공간, 라운지, 업무 공간 혹은 공간 전체를 예약해서 사용하는 것이 메인 프로그램이 되었고 오피스 전문가와 함께 하는 공간 투어 프로그램을 제공하고 있다.

　과거에는 직원에게 주어진 공간 선택권은 어떤 회의실에서 회의를 할까 정도로 제한되어 있었다. 하지만 광화문센터가 생긴 이후 직원들은 폭넓은 공간 선택권을 바탕으로 자신이 원하는 방식으로 일할 수 있게 되었고, 원하는 공간에서 원하는 방식으로 일하는 것은 만족스러운 업무 몰입의 경험이 되었다. 예전에는 광화문센터에서, 이제는 커뮤니티 오피스에서, 퍼시스그룹 직원들 뿐만 아니라 퍼시스그룹과 함께하는 많은 사람들은 스마트하게 일하는 영감을 받고 있다.

DETAILS
DRAWING

HANDRAIL

SEAT BACK DESIGN
550
→ COLOR
→ GRAPHIC

TODAY MORNING SCHEDULE
    8:30 TAKE DRAWING BOARD
            TO IF MEETING BOOTH
    10:00 REFERENCE MEETING
            WITH ALLOSO DESIGN TEAM

스튜디오 원
창의적으로 일하는
디자인 연구소

"개인 하나하나의 능력치도 중요하다.
그러나 더 큰 위력을 발휘하는 것은 개인의
능력치가 모여 만드는 폭발적인 시너지다."

세상에 없던
가치를 창조하다

여기는 스튜디오 원

스튜디오 원은 2018년에 문을 연 퍼시스그룹의 디자인 연구소다. 연구소 직원들만 사용하는 이곳은 규모는 작지만, 건물 전체를 활용하여 디자인 업무에 필요한 모든 공간을 조화롭게 배치했다. 개인 업무 공간부터 오픈 커뮤니티, 목업실, CMF[18] 라이브러리, 품평실까지 모든 공간이 연구소의 업무 프로세스에 맞추어 촘촘히 이어져 있다.

디자이너와 엔지니어로 구성된 연구소 사람들은 일반 사무 직군과 다르게 일한다. 이들은 단단한 소재를 깎아 가구의 뼈대를 만들고, 패브릭과 가죽을 매칭하여 감성을 표현한다. 스튜디오 원은 연구소 사람들이 일하는 방식, 그들의 문화, 그리고 앞으로 꿈꾸는 미래까지 모두 담아내 이들이 창의적인 결과물을 낼 수 있는 최고의 환경을 목표로 했다. 연구소 사람들이 창의적인 결과를 낼 수 있을 때 그룹사 전체의 경쟁력을 갖출 수 있기 때문이다.

집단 창의성으로 도약하기

기업의 경쟁력은 기존에 없던 새로운 것을 만들어내어 시장에 선보이는 능력에 달려 있다. 혁신적인 상품을 선보여 시장을 장악하려면 작게는 기존의 아이디어나 기술을 개선해나가야 하고, 크게는 완전히 새로운 무언가를 만들어낼 수 있어야 한다. 이 때문에 창의적 사고방식, 창의적 솔루션은 기업의 위기를 극복하기 위한 경영 전략으로 자주 언급되고 있다.

창의적인 결과물이 곧 기업의 혁신으로 이어지기 때문에 두 개념을 따로 떼어 구분하는 것은 쉽지 않다. 하지만 많은 학자들은 창의성과 혁신을 구별하여 설명한다. 창의성은 매우 새롭고 유용한 아이디어를 창출(Generation)하는 과정이고, 혁신은 창출된 아이디어를 실행(Implementation)하는 과정이다.[19] 따라서 창의성이 혁신으로 연결되려면 창출과 실행 사이를 이어주는 환경이 제대로 갖춰져야 한다. 직원들이 유용한 아이디어를 창출하더라도, 이 아이디어를 조직 내에서 실행하지 못한다면 의미 있는 결과물로 완성될 수 없기 때문이다.

세계적 발명과 발견의 산실인 미국의 벨 연구소(Bell Labs)는 이러한 환경의 중요성을 명확히 드러내는 사례다. 트랜지스터, 광케이블, 위성통신 등 현대 정보 통신 문명의 근간을 이루는 기술이 모두 벨 연구소에서 탄생했다. 『벨 연구소 이야기』의 저자 존 거트너는 벨 연구소의 성공은 한 천재의 힘이 아니라고 말한다. 개인의 천재성에 의존하는 대신, 아이디어를 관리하는 시스템을 만들었다. 과학자와 엔지니어가 반목하는 것이 아니라 과학자는 발견하고 엔지니어는 구현하는 협력 관계를 구축했다. 무엇보다 세상에 없는 것을 만들 때 들어가는 수많은 돈과 노력을 전폭적으로 지지했다. 이런 환경 아래에서 벨 연구소의 천재들은 위대한 발명을 만들어냈다.[20]

창의와 혁신은 개인과 환경이 모두 갖춰질 때 가능하다. 개인 하나하나의 능력치도 중요하다. 그러나 더 큰 위력을 발휘하는 것은 개인의 능력치가 모여 만드는 폭발적인 시너지다. 개인과 개인을 이어주는 사회적 연결망을 갖추고, 구성원들에게 공통의 목표를 부여하여 강한 협력 관계를 끌어내야 한다. 그리고 직원들의 도전에 아낌없이 지원하여 이들의 아이디어를 혁신으로 완성시켜야 한다.

답답한 주변 환경

퍼시스그룹에도 업무의 전 과정에서 특별히 더 많은 창의와 혁신이 필요한 집단이 있다. 퍼시스그룹의 모든 제품을 디자인하고 개발하는 '연구소'다. 이들은 1989년에 문을 연 이후, 대한민국 최초의 가구 연구소로서 국내 가구 디자인과 시장의 발전을 선도해왔다. 그들의 손에서 퍼시스그룹의 모든 제품이 나왔고, 그들이 만들어낸 디자인 결과물이 그룹사의 성과로 연결됐다.

연구소 사람들이 일하는 모습은 독특하다. 책상 위에 놓인 여러 개의 모니터에는 3D 프로그램이 돌아가고, 책상 주변에는 목재나 철판, 패브릭 샘플들이 널려 있다. 자리 주변의 자투리 공간이나 통로에는 테스트 중인 목업 제품들이 가득하다. 그저 일하는 공간을 둘러보기만 해도 이들이 일반적인 사무직군들과는 다르다는 것을 바로 눈치챌 수 있다.

하지만 스튜디오 원이 생기기 전까지 연구소 사람들은 일반 사무 직군 사람들과 동일한 환경에서 일하고 있었다. 연구소는 퍼시스그룹 본사 6층을 중심으로 건물 전체에 흩어져서 일하고 있었다. 본사 건물 자체가 컴퓨터와 두뇌만 있으면 일할 수 있는 사무직군을 대상으로 설계되어 있다 보니, 컴퓨터와 두뇌에 더하여 장비까지 들고 다니며 일하는 연구소 사람들이 사용하기에는 잘 맞지 않았다. 그래서 연구소 사람들은 아이디어가 떠올랐을 때 이를 바로 업무에 적용해보기 어려운 상황이었다.

도전하자, 창조하자

분야를 막론하고 창의적인 결과물을 내놓으려면 많은 도전이 필요하다. 혁신은 한 명의 천재가 한순간의 영감을 받아 이뤄내는 것이 아니다. 수많은 사람들이 힘을 합쳐 도전하고 실패하고, 그 실패에서 교훈을 얻어 다시 도전할 때 조직은 창조적 혁신에 성공한다. 많은 기업이 실패할 수 있는 조직 문화를 만들기 위해 노력하는 것은 이 이유에서다. 직원들이 실패를 두려워하지 않고, 작은 실패를 교훈 삼아 더 큰 성공을 이뤄낸다는 것을 믿기 때문이다.

연구소의 디자인 혁신을 완성하려면 조직 문화를 바꾸는 것만으로는 충분하지 않았다. 공간과 환경이 함께 바뀌어야 가능했다. 연구소가 일하는 방식이 일반 사무 직군과 다르기 때문이다. 이들의 업무는 상상 속에 존재하는 아이디어를 물리적으로 구체화하는 일이다. 반짝 떠오른 아이디어에 도전하려면 구체적인 기획서와 3D 이미지를 만드는 것에 머물러서는 안 된다. 직접 톱으로 나무를 자르고 드릴로 못을 박아 샘플 가구를 만들어볼 수 있는 환경이 필요하다. 그러므로 도전할 수 있는 조직 문화에 더하여 도전할 수 있는 사무 환경이 함께 주어져야 한다.

그룹사 전체의 혁신이 연구소의 창의적 성과에 달려 있었다. 그래서 연구소 사람들을 한곳에 모아 그들의 일하는 방식을 충실하게 지원해줄 수 있는 새로운 업무 공간을 만들기로 했다. 혁신은 도전에서 나오고, 충분한 지원이 뒷받침될 때 도전은 폭발적으로 증가한다. 그러므로 연구소 사람들에게 꼭 맞는 새로운 사무환경을 제공하여 조직의 혁신을 끌어내기로 했다.

이유 있는 디자인

Work DNA를 반영한다

연구소에 꼭 맞는 사무환경을 만들려면 어떻게 해야 할까? 여기에는 이미 모범 답안이 준비되어 있다. 일하는 방식을 최적으로 지원하는 업무 공간을 만들어야 한다. 그러려면 우선 사람들이 어떻게 일하는지 알아야 하고, 일하는 방식을 명확한 키워드로 정리해야 한다. 이를 찾아내기 위해 우선 현장조사를 통해 지금 사용하는 공간의 현황을 관찰하고, 어떤 장비를 이용해 일하는지 조사했다. 인터뷰를 통해 사람들이 공간을 사용하며 느낀 문제점과 개선사항을 수집했다. 마지막으로 연구소 사람들이 직접 참여하는 워크숍을 진행하여 그들이 현재 일하는 방식을 정리하고 앞으로 일하고 싶은 모습을 구체적으로 정리했다. 일련의 과정을 통해 연구소 사람들의 Work DNA를 크게 두 가지로 서술할 수 있었다.

하나는 연구소의 주요 역량에 대한 내용이었다. 우선 연구소 사람들은 지식을 흡수하여 영감의 원천으로 삼는 역량을 중요하게 여겼다. 최근 디자인 트렌드는 모든 영역의 경계가 희미해지고 융합하는 방향으로 바뀌고 있다. 사무실의 경우 '홈 라이크 오피스(Home like office)'가 흐름을 타고 있고, 인테리어에 대한 폭발적인 관심으로 가정용 가구의 경우 소비자가 요구하는 디자인의 폭이 엄청나게 넓어졌다. 연구소는 오피스 연구소, 홈가구 연구소, 의자 연구소로 나뉘어 있지만, 서로의 영역에서 어떤 소비 트렌드가 생겨나는지, 최근 디자인 선호는 어떻게 바뀌는지 끊임없이 서로 배우고 소통한다. 이들은 자주 세미나를 열어 서로의 지식을 나누고, 더욱 높은 디자인 역량을 갖추려고 노력했다.

업무 영역에서도 이런 기조는 마찬가지였다. 연구소 인력은 크게 디자이너와 엔지니어로 구분할 수 있다. 디자이너는 가구의 콘셉트와 아이디어를 만들었고, 엔지니어는 이를 구체화하여 현실의 가구로 만들어냈다. 이들이 각자의 영역에만 몰두하여 서로가 어떤 일을 하는지 알 수 없다면, 제품 기획, 디자인, 목업 제작, 프로토 타입 제작, 엔지니어링, 구조 검증, 양산화로 이어지는 프로세스는 제대로 이어지지 않는다. 많은 직원들이 현재의 오피스에 서로가 서로에게 배울 수 있는 환경이 부족하다는 점을 아쉬워했다. 디자이너와 엔지니어가 서로의 영역을 배우고 익혀 더 긴밀한 협업을 이루고 싶어 했고, 새로운 사무환경이 이러한 분위기를 지원하기를 원했다.

또 다른 하나는 업무 프로세스에 대한 내용이었다. 이들의 업무는 프로토타이핑(Prototyping)이라고 정리할 수 있었다. 프로토타입을 만들고 테스트하는 방식은 연구소의 업무에서 반복적으로 발견된 부분이었다. 가구를 디자인하고 개발하는 사람들이다 보니 컴퓨터를 이용하여 기획안을 작성하고 3D 모델링 작업만 하는 것이 아니라 각종 자재와 마감재 샘플, 테스트용 목업 제품까지 손으로 조립하고 몸으로 옮겨야 하는 일이 많았다. 아이디어가 떠오르면 목업(Mock-up)을 만들어 동료들과 협의하며 아이디어를 정교하게 다듬었다. 제품이 있는 장소에 직접 찾아가서 여러 명이 둘러서서 의견을 나누었다. 하루에도 여러 번 책상과 샘플실을 오가며 일했다. 여러 샘플을 자리에 늘어놓고 검토한 뒤 동료들을 자기 자리로 부르는 경우도 많았다. 즉 이들에게는 상상 속에 존재하는 아이디어를 시각화하고 물리적으로 구체화할 수 있는 공간이 꼭 필요했다. 아이디어를 구체화해보고, 테스트해보고, 실패해보는 과정이 빠르고 유기적으로 일어날 때 아이디어는 유의미한 성과로 발전했다.

이렇게 과거, 현재, 미래의 일하는 방식을 모두 조사하여 연구소의 두 가지 Work DNA를 도출해냈다. 이들은 폭넓은 지식을 흡수하고, 프로토타입을 테스트하는 방식으로 새로운 가치를 창출한다. 일반 사무직군 사람들과 달리, 디자이너 특유의 사고방식에 기반한 업무 방식이었다. 이러한 특징을 뚜렷하게 드러낼 수 있도록, 그리고 공간에 이러한 특징이 명확하게 반영할 수 있도록 디자인 씽킹(Design Thinking)이라는 핵심 개념을 도출하여 프로젝트의 메인 콘셉트로 잡았다. 이제 목표가 정확하게 정리되었다. 새로운 연구소는 디자인 씽킹이 일어나는 공간이 되어야 한다.

워크숍은 공간의 구체적인 니즈보다 현재 일하는 방식과 앞으로 일하고 싶은 모습에 집중하는 자리다.
개인 업무, 회의, 보고 방식 등 다양한 토론을 거쳐 연구소의 핵심 가치와 문화를 정의할 수 있었다.

워크숍 활동에서 사용했던 기본 보드 구성. 기존의 문화와 제도 중 지키고 발전해야 할 것과
버리고 바꿔야 할 것들을 논의하는 컬처 코드 보드(Culture Code Board),
앞으로 생겨날 새로운 공간에서 기존과는 다르게 일하고 싶은 방법을 정의하는
워크 웨이 보드(Work Way Board). 이 두 가지 내용을 종합하여 앞으로의 변화 방향을
함께 그려보는 이슈 트리(Issue Tree)를 도출했다.

Culture Code Board

As-is

To-be

지켜야 할 것	새로 만들 것	버려야 할 것

Work Way Board

"나는 (A: 공간프로그램)에서
(B: 이러한 방법으로) 일하고 싶다."

A예: 내자리/집중업무공간/폰 부스/품평실
     목업실/샘플실/각종 회의 공간 등

B예: 큰 미디어 화면에서 도면을 바로 확인하고
     수정사항을 바로 반영하면서
     필요할 때 바로바로 샘플을 확인하면서

Issue Tree

	어떻게/무엇을	현재 문제점/Why?	해결 방안/To-be
1. 브랜드 간 교류와 시너지			
2. 연구소 고유의 문화와 제도			
3. 전문성 높이기			

현실에 나타난 연구소

디자인 씽킹이라는 콘셉트를 바탕으로 새로운 연구소에 대한 큰 방향을 정리할 수 있었다. 하나는 연구소 사람들이 서로를 같은 목표를 지향하는 동일 집단으로 인식하며 협력할 수 있는 공간을 만들어내는 것이고, 또 하나는 목업과 실물을 빠르게 만들어 테스트해볼 수 있는 환경을 구축하는 것이다.

연구소 사람들이 본사 건물 곳곳에 흩어져 일하는 한, 이 두 가지 과제를 해결할 수 없었다. 우선 공동체 의식의 문제가 있었다. 연구소 사람들은 퍼시스, 일룸, 시디즈로 브랜드가 나뉘어 여러 층에 흩어져서 일했다. 조직도에서도, 공간에서도, 일상의 업무에서도 서로 분리되어 있었다. 브랜드가 다르면 서로 마주칠 일이 거의 없으니 디자인 연구소라는 정체성은 점점 희미해졌고, 연구소 사람들 사이의 소속감 또한 약해졌다. 연구소라고 통칭해서 부르고 있지만, 그것은 디자인하고 엔지니어링하는 직원들이 많이 소속된 부문이라는 인식에 가까웠다.

테스트 환경의 문제도 있었다. 목업실은 지하실을 개조해서 사용하고 있었고, 품평실이 따로 없어서 업무층 구석을 비워서 품평 장소로 활용했다. CMF 샘플은 각자 회의실 하나를 배정하여 최대한 모아두는 수준이었다. 공간이 분산되어 있었기 때문에 각 공간은 충분한 면적과 기능을 제공하지 못했다. 동일한 지원 공간을 사용한다면 팀마다 별도의 공간을 조금씩 마련하는 것보다 제대로 잘 갖춰진 공간을 하나 만들어 공유하게 하는 편이 좋다. 그러려면 연구소 사람들이 한곳에 모두 모여 있어야 한다.

이러한 이유로 연구소 사람들만 사용하는 전용 건물을 만들어 연구소를 독립시키기로 했다. 연구소라는 집단을 조직도 상의 개념이 아니라 실제 존재하는 물리적 실체로 바꾸는 것이다. 연구소가 사용할 건물로 구사옥이 낙찰되었다. 이곳은 1991년에 퍼시스그룹이 직접 건설하여 2008년까지 사용한

빠르고 유기적인 테스트 환경을 구축하기 위해 연구소 사람들은 자체적으로 지하실을 개조하여 목업실로 활용하고 있었다.

완성된 제품의 목업을 늘어놓고 품평할 수 있는 전용 공간이 부족하여 연구소 사람들은 업무층 한쪽을 비워놓고 품평 장소로 활용했다.

스튜디오 원 ─창의적으로 일하는 디자인 연구소

첫 번째 사옥이다. 기업의 규모가 커지면서 구사옥 바로 옆에 현재의 건물을 새로 지어 2008년 이전했지만, 지금도 그룹사가 처음 마련한 보금자리라는 상징성이 뚜렷한 건물이었다.

상징성 이외에도 이 건물은 위치나 규모적으로도 독립 연구소에게 적절한 상황이었다. 우선 본사와 구사옥은 좁은 골목길 하나를 두고 마주보고 있다. 거리가 가깝기 때문에 본사의 기획 인력과 연구소의 연구 인력이 자주 교류하면서 긴밀하게 협업할 수 있다. 구사옥은 지하 1층, 지상 5층에 한 층당 면적이 약 460㎡로 그다지 넓은 건물이 아니다. 하지만 연구소 전체 인원이 90명 정도라 향후 인원 증가를 고려해도 최소 10년간은 문제 없이 연구소 사람들끼리 모여 일할 수 있는 장소라고 생각되었다.

다른 직군이 사용하지 않기 때문에 구사옥은 오직 연구소만을 위한 공간이다. 크게 세 가지 공간을 만들었는데, 작업 공간, 업무 공간, 어울림 공간이다. 이 중 작업 공간과 어울림 공간은 연구소 전체가 공유하는 지원 공간이고, 업무 공간은 각자 집중하여 일하는 개인 업무 공간이다. 이런 방식으로 스튜디오 원은 몰입하고 소통하는 창의적인 연구소의 틀을 잡을 수 있었다.

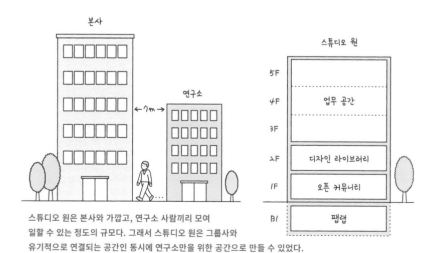

스튜디오 원은 본사와 가깝고, 연구소 사람끼리 모여 일할 수 있는 정도의 규모다. 그래서 스튜디오 원은 그룹사와 유기적으로 연결되는 공간인 동시에 연구소만을 위한 공간으로 만들 수 있었다.

뭐든지 만드는 팹랩

팹랩(Fab Lab)은 스튜디오 원의 지하 1층을 통째로 사용하는 작업실이다. 여기에는 목업실, 샘플실, CMF 라이브러리가 배치되어 있다. 목업실은 스튜디오 원 전체를 통틀어 가장 중요한 공간으로, 기존에 여기저기 흩어져 있던 작업 공간을 모두 한곳에 모았다. 이곳은 단지 이전에 있던 공간을 확대하여 통합한 것이 전부가 아니다. 그룹사의 혁신이 연구소의 디자인 성과물에 달려 있다는 마음으로 디자인과 개발에 필요한 새로운 장비를 추가로 배치하여 업무 프로세스를 완전히 개선했다. 목재를 절단할 때 발생하는 먼지를 줄이기 위해 집진 라인을 만들었으며, 페인트를 칠할 때 사용하는 도장 부스를 추가했다. 플라스틱 모형을 빠르게 생산할 수 있도록 3D 프린터를 한곳에 모아 별도 공간을 마련했다. 바닥에 전선이 흩어져 있어 걸려 넘어지는 문제를 해결하기 위해 긴 코드가 필요한 장비는 천장에서 끌어 쓸 수 있게 했다. 전기는 천장에 매달린 도르래에서 멀티탭을 당겨서 사용하고, 고압의 공기를 분사하는 에어릴 역시 천장에 본체를 부착했다. 이 모든 상세 계획은 모두 연구소 사람들이 직접 참여하여 필요한 장비를 고르고, 작업 흐름에 맞춰 장비의 위치를 정했다.

직원들이 워크숍에서 정리한 '앞으로 일하고 싶은 방법'도 적극적으로 반영했다. 그중에서도 업무 중반 이후부터 목업과 설계도, 기획안을 함께 검토하며 업무를 진행하는 만큼 모니터로 자료를 살펴보며 목업을 품평할 수 있는 공간이 필요했다. 이 때문에 목업실 중앙에는 회의 테이블과 모니터가 있다. 단지 목업만 만드는 곳이 아니라 만드는 동시에 협업하여 개선할 수 있는 공간으로 계획한 것이다. 혁신은 도전하고 실패하고 개선하는 과정에서 나온다. 목업실은 이런 디자인 씽킹이 활발하게 발생하는 연구소의 핵심 공간이다.

목업실 바로 옆에는 샘플실이 연결되어 있다. 예전에는 목업실이 부족하다는 문제점도 있었지만, 목업을 만들어도 이를 보관하고 품평할 장소가 마땅치 않다는 문제점도 있었다. 따라서 팹랩에는 목업실과 샘플실을 유기적으로 연결하여 목업 제작과 보관 과정의 편의성을 대폭 확대했다. 대규모 품평은 팹랩이 아니라 1층에 있는 품평실에서 후속 작업을 소화한다. 실제 사용 환경과 비슷하게 꾸며볼 수 있는 스튜디오 형식의 품평실이 있기 때문에 직원들은 품평 걱정 없이 자유롭게 목업을 만들 수 있게 되었다.

CMF 라이브러리 역시 팹랩 내부에 있다. 목업을 만들 때 CMF의 조화를 고려하여 최종 완성품의 감성을 최대한 예측하겠다는 의도이다. 이전에는 CMF 조각을 회의실에 적당히 보관했지만, 새롭게 만들어진 CMF 라이브러리는 천, 가죽, 목재, 페인트 등 각 소재에 적절한 방식으로 체계적으로 정리할 수 있는 시스템을 갖추었다. CMF 라이브러리 안에는 기준 샘플을 보관하는 한도 보관실도 함께 운영하고 있다. 양산을 거듭하다 보면 질감이나 색상이 달라지는 경우가 종종 생긴다. 그러므로 이곳에서는 언제나 똑같은 CMF로 제품을 제작할 수 있도록 목업과 기준 샘플을 비교하여 품질을 높이는 작업까지 함께 수행할 수 있다.

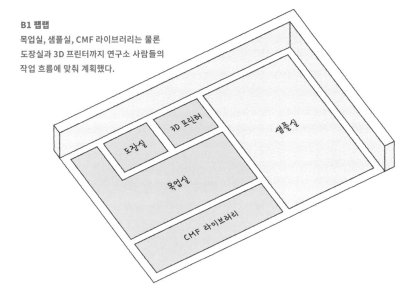

B1 팹랩
목업실, 샘플실, CMF 라이브러리는 물론
도장실과 3D 프린터까지 연구소 사람들의
작업 흐름에 맞춰 계획했다.

스튜디오 형식의 품평실에 실제 공간을 사용하는 방식대로 가구를 배치한다.
가구 하나만 놓고 모양새를 점검하는 것이 아니라, 주변의 맥락과 분위기를 함께 고려할 수 있다.

지하 팹랩의 목업실은 연구소 직원들이 직접 참여하여 공간을 구성하여
생산 사업장에 가지 않아도 웬만한 목업은 모두 만들 수 있다.

스튜디오 원 ―창의적으로 일하는 디자인 연구소

목업실 중앙에는 설계도와 제안서 등 참고 자료를 바로 확인할 수 있는
디스플레이가 설치되어 있어 아이디어 정교화를 도와준다.

스튜디오 원 —창의적으로 일하는 디자인 연구소

소재 특성에 맞춰 설계된 CMF 라이브러리가 있어서 목업 작업 시
최종 결과물의 질감과 감성을 구체적으로 예측할 수 있다.

스튜디오 원 —창의적으로 일하는 디자인 연구소

쾌적한 업무 공간

3층부터 5층은 각 연구소가 사용하는 개인 업무 공간이다. 전 직원이 높이 조절 데스크를 사용하고, 의자 역시 퍼시스그룹의 최고 사양의 제품이 들어가 있다. 하부 수납장에 방석을 놓아 팀원들과 간단한 협의를 할 때 스툴로 사용할 수 있게 했다. 책상과 책상 사이의 간격도 넓게 유지하여 개인 업무 공간을 충분히 제공했다.

가구 사양은 팀별 특징을 반영하지 않고 연구소 전체에서 동일하게 적용했다. 어떤 팀은 프로젝트 별로 협업이 많아서 개인 자리에서 자주 소통하는 것이 중요하지만, 다른 팀은 개별 업무 분장이 확실해서 업무 시간에는 개인 업무에 집중하는 경향이 강했다. 어떤 팀은 독립적 분위기가 주를 이뤄 팀원들끼리 꼭 필요한 이야기만 했지만, 어떤 팀은 업무 내용과 무관하게 수시로 소통하는 분위기였다.

이런 특성은 각 팀의 개성에 가까웠다. 이런 상황에서 혹은 팀에 맞춰서 가구를 다르게 제공하면 조직이 재편되었을 때 재빠르게 적응하기가 어려워진다. 그래서 가구는 동일하게 제공하되, 층마다 다른 분위기를 느낄 수 있도록 CMF만 다르게 계획했다. 전문적인 오피스 가구를 만드는 B2B 영역의 오피스 연구소는 블랙 톤, 의자의 구조와 시스템을 주로 다루는 테크니컬한 업무의 의자 연구소는 화이트 톤, 따뜻하고 감성적인 가정용 가구를 만드는 B2C 영역의 홈가구 연구소는 우드 톤을 적용했다.

업무 공간은 컴퓨터 업무뿐만 아니라 다양한 개발 업무도 소화할 수 있도록 신경 썼다. 책상과 책상 사이에는 협의용 테이블을 놓았는데, 회의용으로 사용하는 동시에 샘플 배치와 수납의 목적을 겸한다. 직원들은 책상에서 개인 업무를 하다가 의자를 뒤로 돌려 샘플과 CMF를 검토할 수 있다. 책상 옆에는 이동식 화이트보드가 걸려 있는데, 이 화이트보드는 가볍게 탈부착 가능하다. 그래서 회의실에서 진행한 아이디어 스케치를 그대로 떼어내서 자기 자리에서 계속 이어갈 수 있다. 이런 식으로 업무층 전체를 역동적으로 사용하여 개발 업무에 매진할 수 있게 했다.

업무 공간 근처에도 간단한 작업 공간인 메이크 앤드 그래픽스(Make & Graphics)를 만들었다. 이곳은 팹랩에서 하는 본격적인 목업 업무와 달리 짧고 간단한 작업을 할 수 있는 공간이다. 사무용 칼이나 전동 드릴 정도를 사용하여 반제품을 조립하거나 플라스틱 조각을 칼로 깎아 간단한 샘플을 만들어보는 정도의 일을 하고 있다. 또한 이곳은 여유 공간으로 비워놓았기 때문에 검토가 필요한 자재나 샘플 등을 잠시 보관할 수 있는 용도로 활용할 수 있다. 덕분에 개인 업무 공간 주변을 깔끔하게 유지하는 데 도움이 된다.

3-5F 업무 공간
공간 안쪽에 개인 업무 공간을 충분히 제공했고,
입구 근처에 회의실과 메이크 앤드 그래픽스를 배치하여
짧고 간단한 작업을 소화할 수 있다.

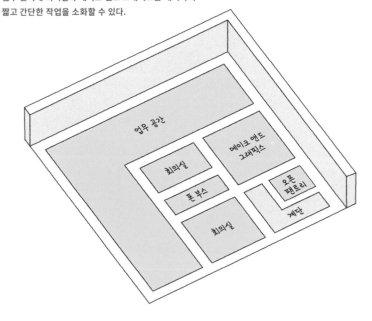

스튜디오 원 —창의적으로 일하는 디자인 연구소

조직 변동에 유연하게 대처할 수 있도록 모든 직원에게 같은 가구를 제공하는 대신,
각 층의 분위기를 반영하여 CMF를 다르게 적용했다.

직급과 연차의 차이가 아이디어와 커뮤니케이션의 흐름을 끊지 않도록 팀원, 팀장, 임원이
모두 오픈된 공간에서 함께 일하고 있다.

스튜디오 원 ─창의적으로 일하는 디자인 연구소

쾌적한 업무 공간을 만들기 위해 폰부스를 각 층당 3개씩 제공했다. 집중 업무가 필요할 때,
혹은 전화 통화가 길어질 때 사용한다.

업무층에 계획한 메이크 앤드 그래픽스는 팹랩까지 내려가지 않아도 간단한 조립과 샘플 검토를
처리할 수 있는 공간이다. 업무 공간 근처에서 빠르게 아이디어를 발산할 수 있다.

스튜디오 원 ―창의적으로 일하는 디자인 연구소

소통과 성장의 어울림 공간

직원과 직원 사이의 소통을 높이고, 더 긴밀하게 협업하고, 더 높은 디자인 역량을 갖추기 위해 스튜디오 원에는 다양한 어울림 공간을 만들었다. 1층의 오픈 커뮤니티, 2층의 디자인 라이브러리, 그리고 각 층의 입구 공간에 마련된 오픈 팬트리다.

오픈 커뮤니티는 스튜디오 원 1층에 들어서면 가장 먼저 보이는 장소다. 이곳은 연구소 전체의 허브가 되는 소통의 장이다. 브랜드 간 교류를 통해 시너지를 내고 싶다는 연구소 사람들의 의견이 반영된, 사람들이 자연스럽게 어울릴 수 있는 소통 공간이다. 작은 회의 테이블과 회의 부스가 마련되어 있어 짧은 미팅 공간으로 충분히 사용할 수 있다. 한쪽에는 연구소 전체가 공용으로 사용하는 오픈 키친이 있는데, 직접 커피를 내릴 수 있는 커피 머신과 간단한 식사를 해결할 수 있는 냉장고와 미니 오븐이 놓여 있다. 본사 직원들이 생각의 정원에서 커피를 마시며 다양한 사람과 마주치는 것처럼, 연구소 사람들은 오픈 키친에서 커피를 내리며 세렌디피티를 경험한다.

공용으로 사용하는 오픈 키친과 오픈 커뮤니티 이외에도 층마다 오픈 팬트리를 만들었다. 오픈 커뮤니티가 연구소 전체가 어울리는 공간이라면, 오픈 팬트리는 해당 층 사람들이 함께 만나는 공간이다. 하루에도 여러 번 컵을 씻고 물을 마시고 도시락을 먹으며 사람들과 만나는 곳이다 보니 업무 공간과 벽으로 분리하여 소음 문제도 해결했고, 넓은 창으로 빛이 잘 들어와 쾌적한 공간을 만들 수 있었다.

2층 역시 공용으로 사용하는 오픈 공간으로 계획했다. 이곳에는 디자인 라이브러리와 회의 공간, 그리고 예술품 수장고를 배치했다. 디자인 라이브러리에는 연구소가 보유한 모든 인테리어 서적을 보관했다. 연구소 전체가 공통으로 관리하는 이곳은 연구소 사람이라면 누구든지 자유롭게 자료를 읽고 업무에 영감을 받을 수 있는 장소다. 회의 공간은 오픈 회의 공간과 빅 테이블, 회의실 2개가 배치되어 있다. 예술품 수장고는 연구소의 업무와 직접적으로 관련 있는 장소는 아니지만, 디자인 업무를 하는 사람들이 일상적으로 예술품의 모습을 볼 수 있으면 좋겠다는 의도로 2층에 배치되었다. 회의 테이블 너머로 유리벽으로 마감된 수장고에 보관된 여러 예술품이 마치 장식품처럼 공간을 빛내고 있다.

각 층의 입구에는 오픈 팬트리가 있다.
넓은 창으로 햇빛이 환하게 들어온다.

1층 오픈 커뮤니티는 스탠드와 쿠션, 해먹으로 캐주얼한 공간을 연출했다.

스튜디오 원 ─창의적으로 일하는 디자인 연구소

본사 직원들이 생각의 정원에서 커피를 마시며 어울리듯이, 연구소 사람들은 오픈 키친에서 커피를 내리며 함께 어울린다.

2층의 디자인 라이브러리에는 연구소가 보유한 다양한 디자인 서적이 놓여 있다.
편안한 마음으로 다양한 지식을 얻어가는 공간이다.

스튜디오 원 ─ 창의적으로 일하는 디자인 연구소

디자인 라이브러리 옆에는 예술품 수장고와 회의 공간이 있다.
유리벽으로 구분된 수장고 안의 예술 작품이 인테리어 효과를 낸다.

스튜디오 원 ─창의적으로 일하는 디자인 연구소

사람을, 공간을,
그 안의 삶을

몰입하고 발전하는 곳

스튜디오 원은 업무 흐름에 꼭 맞춘 촘촘한 공간 구성으로 놀라울 만큼 업무 효율을 끌어올렸다. 과거에는 하나의 제품을 개발하려면 짐을 들고 공간을 여러 번 이동해야 했다. 지하실과 오피스 구석에 목업실이 있어도 제작 규모가 조금만 커지면 본사에서 처리할 수 없었다. 그래서 지방의 생산 사업장에 방문하여 목업을 만들어봐야 했다. 하지만 팹랩이 생기면서 이제 연구소 직원들은 대부분의 목업 제작을 목업실에서 소화할 수 있게 되었다.

목업실만이 업무 효율을 끌어올리는 것이 아니다. 목업실 바로 옆에 위치한 샘플실, 바로 윗층에 위치한 스튜디오 형식의 품평실 등 추가적으로 필요한 공간까지 함께 고려한 배치는 목업을 만드는 것만이 자유로운 발상을 끌어내는 것이 아니라는 고찰이 담겨 있다. 이제 연구 직군의 모든 업무 프로세스를 한 건물에서 처리할 수 있다. 수많은 자재와 샘플, 무거운 목업을 들고 오피스 여기 저기를 헤매지 않아도 되고, 개발이 확정되지 않은 아이디어를 목업으로 제작하기 위해 지방을 오가며 생산 사업장의 협조를 구하지 않아도 된다. 품평 장소를 찾아 헤맬 필요도 없다. 목업실, 샘플실, CMF 라이브러리, 그리고 품평실이 유기적으로 연결되어 직원들의 디자인 업무 프로세스에 꼭 맞는 공간이 완성되었다.

업무를 방해하는 자잘한 고민이 사라지면서 사람들은 아이디어 자체에 집중할 수 있고, 업무를 가장 효율적으로 지원할 수 있는 공간을 원하는 순간에 이용할 수 있게 되었다. 깊이 있는 고민이 가능해졌고, 연구가 끊이지 않고 진행될 수 있었다. 스튜디오 원은 연구소의 개발 업무의 전체 프로세스를 완벽하게 지원하는 방식으로 연구소의 디자인 결과물의 수준을 끌어올렸다.

공간을 완성하는 사람들

연구소의 모든 공간이 예상대로 작동한 것은 아니다. 세렌디피티에 대한 교훈이 대표적이다. 처음에는 각 층의 입구에 오픈 팬트리를 계획하면서 이곳이 또 다른 세렌디피티의 공간이 되리라 생각하고 계단을 오르내리면서 다른 층 사람과 눈을 마주칠 수 있도록 차폐물 없이 완전히 오픈하여 만들었다.

하지만 계단실과 맞닿아 있어서 겨울에는 춥고 여름에는 더워서 오랜 시간 사용하기 힘들었다. 또한 시선 차단이 되지 않아 사람들이 편안하게 사용하지 못해 지금은 점심시간에만 사용되고 있을 뿐이다. 이 공간의 실수는 세렌디피티가 사람들을 마주치게만 하면 발생할 것이라고 생각한 것이다. 하지만 생각의 정원의 사례에서 알 수 있듯이 세렌디피티는 사람들이 공간에 함께 머무를 때 발생한다. 더욱 아늑한 공간으로 만들어 사람들이 더 오랜 시간 머물 수 있게 만들었다면, 오픈 팬트리는 훨씬 사용도가 높아졌을 것이다.

반대로 사용자의 적극적인 참여로 공간의 활용도가 더 높아진 경우도 있었다. 워크숍 과정에서 팀장들은 한 가지 결의를 했다. 조직 간의 소통만이 아니라 팀 내부의 소통을 늘리기 위해 팀장석의 위치를 바꾸기로 한 것이다. 일반적으로 팀장의 자리는 오피스의 가장 안쪽, 창가 자리를 배정하는 경우가 많다. 하지만 연구소 팀장들은 오피스 가장 한가운데, 통로에 가장 가까운 자리를 골라 일하고 있다. 처음에는 어색해하는 사람들이 많았으나, 익숙해지자 오히려 팀장이 팀 전체의 움직임을 파악하기 좋다는 의견이 많아졌다. 일부 팀장은 팀원들의 자리를 주기적으로 바꿔 앉도록 하고 있다. 짝꿍이 자주 바뀌니 이전에는 멀리 있어서 이야기할 기회가 없었던 사람과 소통하며 업무 도움도 받을 수 있게 되었다. 또한 햇빛이 잘 들어오고 나무가 보이는 창가 자리를 모든 직원들이 골고루 나눠 앉을 수 있어서 팀 전체의 공간에 대한 만족도가 높아졌다.

업무 공간 전체를 바꾸는 팀도 나타났다. 오피스 연구소에 속한 오피스디자인팀은 팀원끼리 빠르게 소통하기 위해 책상을 여러 형태로 조합하는 실험을 해보고 있다. 현재 모든 연구소 사람들은 업무 리듬에 맞춰 책상 높이를 바꿀 수 있는 높이 조절 데스크를 사용하고 있다. 하지만 높이 조절 데스크는 일반 책상에 비해 무겁고 옮기기가 어려운 점이 이 프로젝트의 문제였다. 그래서 이들은 책상 배치 변경 프로젝트의 첫 번째 업무로 높이 조절 데스크에 바퀴를 매달아 옮기기 쉽게 개조했다. 주어진 공간에 순응하기보다 자신들의 업무에 꼭 맞는 사무환경을 찾아내기 위해 계속해서 도전하는 것이다.

공간은 사용자가 제대로 사용할 때 완성된다. 스튜디오 원은 철저한 사용자 조사로 그들의 불편을 수집하여 이를 해결할 수 있는 방법을 직원이 참여한 워크숍을 통해 찾아내는 방식으로 만들었다. 공간 계획 과정에 직접 참여했다는 경험 덕분에 연구소 사람들은 단순히 주어진 공간에 맞춰 일하는 게 아니라 좀 더 주도적으로 공간을 이해하고 적극적으로 활용하게 되었다. 최종적으로 완성된 공간에 대한 만족도도 매우 높았는데, 자신이 쓰는 공간을 만들기 위해 직접 아이디어를 냈고, 그 의견이 받아들여졌다는 점이 만족도에 큰 영향을 주었다고 생각한다.

우리는 크리에이터

새로운 연구소가 문을 열었을 때, 연구소 건물의 이름도 새롭게 지었다. 연구소의 의미와 성격을 담을 수 있는 단어를 찾았고, 최종적으로 '원(ONE)'이라는 단어를 선택했다. 여기에는 국내 최초의 가구 연구소라는 의미를 담았고, 연구소 직원들이 서로 하나 되어 협력한다는 의미를 담았고, 넘버 원 크리에이티브 조직이 되겠다는 포부를 담았다. 스튜디오 원이 하나의 고유 명사가 되면서 연구소 사람들은 자랑스러워했고, 퍼시스그룹의 디자인 연구소라는 브랜드 인지도가 높아져 그룹사 전체가 뿌듯해했다.

스튜디오 원이 만들어지자 연구소 사람들은 자신들의 업무 특수성을 실감 나게 느낄 수 있게 되었다. 문을 열자마자 보이는 커다란 오픈 스튜디오에서 디자이너들이 모여 트렌드 세미나를 열고, 지하의 팹랩에서는 엔지니어들이 뚝딱뚝딱 가구를 만든다. 업무 공간 곳곳에는 이동식 화이트보드가 붙어 있고, 그 위에는 여러 가지 스케치가 그려져 있다. 간간히 전동 드릴 소리가 들리고, 벽에는 색색의 천과 가죽이 걸려 있다. 한눈에 봐도 이곳은 일반 사무 직군이 사용하는 오피스와 다른, 진짜 연구소다.

이제 사람들은 스튜디오 원에서 일한다는 자부심을 가진다. 고유의 이름을 가진 단독 건물 사용하게 되면서 연구소 사람들은 집단에 소속감을 느끼고 강한 결속감을 가지게 되었다. 사실 같은 연구소 소속이라고 해도 오피스 연구소의 오피스디자인팀과 홈가구 연구소의 침실가구연구팀이 업무적으로 큰 연관이 있는 것은 아니다. 특별한 일이 없다면 이들은 따로 만날 일도 없고 협업할 기회도 없다. 이런 사람들이 자신들을 하나의 동일한 집단으로 인식하여 소속감을 느끼게 하는 것은 쉬운 일이 아니다. 하지만 공간이라는 물리적 연결고리가 집단의 소속감으로 전이되었다.

스튜디오 원을 통해 디자인 역량을 강화할 수 있는 환경과 업무 자원을 마련해주고, 연구소에 소속된 사람들을 하나로 묶어 공동의 목표를 향해 힘차게 달릴 수 있게 되었다. 이제 스튜디오 원은 창의적인 디자인 성과로 그룹사 전체의 혁신을 책임지고 있다. 집단의 창의성을 활용해 사소한 아이디어를 집중적으로 발전시키고 결국은 혁신을 만들어내는 것, 이것이 바로 퍼시스그룹의 미래를 준비해나가는 스튜디오 원의 핵심 전략이다.

오금로311
새로운 문화를 준비하다

"처음에 사람들은 자율좌석제를 도입하면
지금까지 일하던 방식이 전부 사라질 것이라고
두려워했다. 하지만 실제로 사용해보니
업무의 대부분이 자율좌석제에서도 충분히
가능하다는 사실을 알게 되었다."

생각을, 문화를,
일상을 바꾸다

문화가 자라는 새로운 오피스

퍼시스그룹의 본사는 자율좌석제로 운영되는 오피스다. 이곳에는 개인의 자리가 없다. 대신 매일 자기가 원하는 자리를 골라 일할 수 있다. 자율좌석제가 성공적으로 자리 잡았다는 점에서는 특별하지만, 여느 오피스와 크게 다르지 않다. 사람들의 눈을 즐겁게 하는 화려한 인테리어나 특이하고 참신한 공간 프로그램도 없다. 인스타그램에 올릴 만한 사진을 기대하는 사람들에게는 약간 실망스러운 오피스일 수도 있다.

하지만 본사의 오피스를 바꾼 이유는 예쁘고 아름다운 공간이 필요해서가 아니다. 인테리어사를 골라 멋진 시안을 받아보는 대신, 직원들과 끈질기게 토론하여 자율좌석제를 기반으로 다양한 업무 공간을 선택하여 일하는 사무환경을 만들었다. 유연하고 민첩한 문화가 단단히 뿌리내린 조직이 필요하기 때문이다.

유능한 소대장이 필요하다

정보가 넘쳐나는 시대가 되었다. 예전에는 시간과 노력을 들여 시장 조사를 해야 알 수 있었던 소비자의 반응이 이제는 SNS와 온라인 커뮤니티에 범람하고 있다. 기능만 충족하면 구매했던 소비자는 사라지고, 최고의 만족감을 주는 제품만 까다롭게 고르는 소비자만 남아 있다. 소비자를 뭉뚱그려 거대한 시장으로 여기면 안 된다. 소비자 개인의 니즈를 세분화하여 그들의 감성을 만족시킬 수 있는 상품과 서비스를 만들어내야 한다.

고객의 니즈를 세분화할수록 공략해야 하는 시장은 작아진다. 시장이 작아지면 시장의 생성과 소멸의 시기 역시 짧아진다. 그러므로 시장에 대응하는 조직의 기본 전략 수정이 필요하다. 예전처럼 조직 전체가 일사분란하게 움직여 거대 시장의 마켓 셰어를 차지하는 총력전이 아니라 작은 시장을 빠르게 발견하고 고객들과 긴밀히 소통하며 공략해야 한다.

지금까지 많은 기업은 성실한 일꾼을 뽑아 조직을 구성했다. 거대한 시장을 공략하던 시절에는 개인의 임기응변보다 조직의 지시가 중요했다. 어떤 시장을 공략할지, 어떤 방법을 사용할지, 문제 상황에는 어떻게 대처할지 조직 단위에서 모두 정한 다음 정확하게 수행하는 것이 중요했다. 사령관은 지시하고 병사는 복종하는 총력전의 형태였다.

하지만 변화무쌍한 전장에 민첩하게 대응하려면 우수한 사령관만 있어서는 안 된다. 야전에서 매 순간 적절한 결정을 내리는 유능한 소대장이 많이 필요하다. 이제 조직원 전체가 유능한 소대장이 되어 자신의 전장에서 싸워나갈 수 있어야 한다. 누가 시키는 일만 하기보다 지금 할 수 있는 최선의 일을 찾아서 하고, 정해진 일만 하는 게 아니라 필요한 일을 발견하여 자율적으로 일해야 한다.

조직 문화가 중요하다

조직원 전체가 자율적으로 일하게 하려면 유능한 개인을 채용하는 것만으로는 부족하다. 조직 내에 유능한 개인이 아무리 많아도 자율적으로 일할 수 있는 환경이 주어지지 않는다면 이들은 자신의 역량을 펼칠 수 없다. 인간의 행동은 성격이나 역량 등 개인의 특성에 의해서만 결정되는 것이 아니라 그들이 속한 집단의 문화에 영향을 받기 때문이다.

한 청년이 신입사원으로 입사한 상황을 가정해보자. 이 청년은 선배들이 일하는 방식을 살펴보다가 특정 부분을 개선하면 훨씬 더 효과적으로 일할 수 있을 것 같다고 생각한다. 그래서 업무를 개선하는 새로운 프로젝트를 고안하고 제안한다. 이 청년에 대한 평가는 조직의 문화에 따라 달라질 것이다. 자율적인 문화가 자리잡은 조직이라면 조직 혁신을 고민하는 유능한 직원으로 평가할 것이다. 하지만 조직의 규칙을 최우선으로 여기는 문화가 자리 잡은 조직이라면 허드렛일부터 성실하게 하지 않고 지적질이나 하는 건방진 신입으로 평가할 것이다.

문화는 구성원들의 평가와 피드백으로 개인에게 영향을 끼친다. 새로운 일을 찾아내고 자신이 생각한 바에 따라 결정한 행동이 주변 사람들로부터 긍정적인 반응을 얻었다면, 사람들은 다음에도 똑같이 행동한다. 하지만 그 행동 때문에 주변 사람들이 부정적인 반응을 보인다면, 다시는 그런 행동을 하지 않는다.

결국 문화가 모든 것의 시작이다. 지금까지는 조직이 정한 규칙을 따르고, 조직이 정한 방식을 최우선으로 여기는 문화가 지배적이었다. 이런 분위기가 조직에 남아 있는 한, 직원들이 자율적으로 생각하고 일할 수 없다. 조직 전체에 자율적이고 유연한 문화가 깃들어야 한다. 스스로 규칙을 정하고 그 규칙에 따라 일하는 자율적인 문화, 기존의 방식이나 틀에 집착하지 않고 최선의 방식을 추구하는 유연한 문화가 필요하다.

사무환경이 보여주는 변화

공간에는 문화가 스며 있다. 오피스 도면을 살펴보면 그 오피스를 사용하는 기업이 추구하는 조직 문화를 느낄 수 있다. 조직의 위계을 강조하는 기업은 조직도를 공간에 재현한다. 팀과 팀의 경계가 명확하게 드러내도록 오피스를 구성한다. 책상의 배치, 파티션과 책장의 배치, 공간의 분리 등을 이용하여 팀에게 고유 영역을 부여한다.

직급 간 공간 구분도 뚜렷하게 나타난다. 팀장은 팀원 전체를 바라볼 수 있는 창가 자리에 자리 잡고, 신입 사원은 팀장과 가장 멀리 떨어진 문가에 앉아 있다. 모든 공간은 조직도의 형태에 맞춰 만들어진다. 그러므로 어떤 사람이 어느 자리를 사용하는지 살펴본다면, 그 사람이 속한 팀, 그 사람의 직급을 쉽게 알아볼 수 있다.

팀과 팀의 경계, 직급과 직급의 구분이 뚜렷한 공간을 계속해서 사용하면, 사람들은 나 자신이 아니라 팀과 직급으로 정의된 나로서 사고하게 된다. 자신의 의견보다는 조직의 의견이 중요하다고 여긴다. 고정된 공간 역시 사람에게 영향을 준다. 한 번 자리가 정해지면 최소 3개월, 길게는 몇 년간 유지되는 공간에서 살다 보면 사람들은 공간과 조직이 동일하다고 여기고, 나아가 조직이란 고정되고 불변하는 존재라고 생각하게 된다. 공간은 이렇게 사람들에게 경직된 문화를 가르친다.

흥미롭게도 한국 오피스에서 이 같은 경향은 조금씩 완화되고 있다. 우선 팀장석을 없애는 유니버설 플랜을 도입한 기업이 늘어났다. 유니버설 플랜이란 팀장과 팀원이 자리를 구분하지 않고, 똑같은 책상 배치를 한 다음 직급 구분 없이 일하는 것이다. 2010년 이전까지만 해도 전체 오피스 중 유니버설 플랜을 도입한 기업이 약 10%에 불과했다. 하지만 2011년부터 2015년 사이 약 22%, 2016년부터 2020년까지 약 30%의 기업이 유니버설 플랜을 적용했다.[21]

팀장과 팀원이 똑같은 워크스테이션을 사용하는 기업 역시 많아지고 있다. 2015년 이전에는 팀장석을 계획한 기업 가운데 약 13% 기업이 팀장과 팀원이 같은 워크스테이션을 사용했다. 반대로 말하면 87%의 기업이 팀장에게는 더 큰 책상을 주거나 수납가구를 더 제공했다는 의미다. 하지만 2016년부터 2020년까지 데이터를 살펴보면, 팀장과 팀원이 똑같은 워크스테이션을 사용하는 기업이 23%로 늘어[22] 전통적인 팀장석을 계획하는 기업은 이제 절반에 불과하다. 2016년부터 현재까지 데이터를 기준으로 살펴보면 전체 기업 중 54%만이 팀장에게 넓은 독립 공간을 제공하고 있다. 16%는 팀장과 팀원이 똑같은 워크스테이션을 사용하고, 30%는 팀장석을 아예 만들지 않았다. 가구 배치에서 직급의 차이를 없애는 기업이 늘어난다는 것은 조직의 위계보다 자율적인 조직 문화를 더 중요하게 여기는 기업이 늘어난다는 것을 의미한다.

가구 배치에서 직급의 차이를 없애는 기업이 늘어나고 있다.
조직 문화가 바뀌면서 사무 환경도 함께 바뀌고 있다.

오금로311 —새로운 문화를 준비하다

남을 설득하려면
자신부터 설득해야 한다

유연한 오픈 플랜

　유연한 사고는 유연한 공간에서 나온다. 퍼시스그룹 본사는 기존에 사용하던 오픈 플랜 오피스라는 공간 콘셉트를 변경하지 않고 그대로 유지하기로 했다. 오픈 플랜은 벽을 세우지 않은 열린 공간을 의미한다. 작은 방을 여러 개 만들어 각 팀에게 독립 공간을 제공하는 개실형 구조가 아니라 최대한 넓은 공간을 확보하여 여러 팀이 함께 사용하는 개방형 구조로 구성된 오피스다.

　2010년대에 불어온 스마트워크의 바람은 오픈 플랜 오피스를 사무환경의 대세로 만들었다. 그 덕분에 오픈 플랜 오피스의 긍정적 효과와 부정적 효과에 대한 고찰이 충분히 진행될 수 있었다. 오픈 플랜 오피스는 팀과 팀 사이에 벽을 없애서 공간을 유연하게 사용할 수 있고, 팀과 팀 사이에 상호작용이 늘어나 조직 내부의 협업에 좋은 영향을 준다는 장점이 있다. 반면 벽과 칸막이를 최소화하면서 개인의 프라이버시가 침해되고, 소음이 심해져서 스트레스가 높아진다는 단점이 있다.

　오픈 플랜을 유지한 가장 큰 이유는 공간 유연성 확보였다. 오피스가 한 번 완성되면 몇 년간 그대로 사용해야 한다. 이때 개실형 구조로 오피스를 만들면 공간의 유연성이 크게 떨어진다. 공간을 바꾸려면 벽체를 부수고 새로 만들어야 해서 시간과 비용이 많이 필요하다. 그러므로 유연하고 민첩한 공간 활용을 하려면 오픈 플랜을 기반으로 오피스를 만들어야 한다.

본사의 첫 번째 과제는 오픈 플랜을 실현할 수 있도록 건물에서 넓은 공간을 확보하는 것이었다. 층마다 회의실을 2개씩 늘렸지만 각 공간의 면적은 줄였다. 임원실, 창고, 탕비실의 면적도 모두 최소한으로 줄였다. 특히 임원실의 면적을 줄이기 위해 직원용 가구를 이용하여 임원실을 꾸몄다. 퍼시스 공간데이터베이스에 따르면 임원실의 면적은 20년째 거의 바뀌지 않았다. 2002년부터 임원실 1개의 면적은 평균 26㎡ 정도에 머물러 있다.[23] 실제로 26㎡는 임원용 가구를 이용하여 계획할 수 있는 가장 작은 임원실이다. 따라서 임원실의 면적을 더 줄이려면 넓고 권위 있는 임원용 가구를 포기하고 작고 실용적인 직원용 가구를 사용해야 한다. 퍼시스그룹의 임원들은 임원실 축소에 동의했고, 최종적으로 높이 조절 데스크와 원형 테이블을 컴팩트하게 배치한 16㎡의 임원실이 완성되었다.

  벽체 공간을 최소 규모로 줄이고 오피스 주변부에 배치해서 넓은 공간을 확보했다. 이렇게 확보한 공간에는 고정된 벽을 세우지 않는다는 원칙을 세웠다. 대신 언제든지 옮길 수 있는 가구를 이용해 공간을 구성하기로 했다. 만약 벽이 꼭 필요하다면 해체와 조립이 간편한 시스템 부스를 이용하여 공간을 구분하기로 했다. 시스템 부스는 6시간 정도면 8인 규모 회의실 정도의 공간을 만들고 없앨 수 있기 때문에 공간의 유연성을 유지할 수 있다.

  프라이버시와 소음 문제는 오픈 플랜에 꼬리표처럼 따라다니는 개선사항이다. 하지만 프라이버시와 소음 문제가 단지 오픈 플랜 오피스의 문제라고 할 수는 없다. 그중에서도 소음은 사무환경 계획에서 가장 골치 아픈 문제다. 아무리 가벽을 세우고 흡음재와 차음재를 쓰고 공간을 분리해도 소음 문제를 완벽하게 해결할 수는 없다. 공간을 완전히 분리하여 작은 1인실을 제공한다면 소음 문제는 사라지겠지만, 이 경우에는 협업과 교류, 환기와 통풍 등의 문제가 새롭게 대두한다.

프라이버시 역시 마찬가지다. 팀마다 각자 사용하는 작은 방을 준다면, 다른 팀에서 발생하는 소음이나 통행이 사라져 팀의 프라이버시는 지킬 수 있다. 하지만 공간이 작은 만큼 한 사람의 일거수일투족이 모두 공개된다. 이 때문에 오히려 작은 오피스일수록 프라이버시가 침해된다는 주장도 있다.

요컨대 소음과 프라이버시는 단지 오픈 플랜을 적용했기 때문에 생기는 문제가 아니다. 문제는 일하는 장소가 고정되어 있기 때문이다. 조용한 공간, 프라이버시를 보호할 수 있는 공간으로 이동할 수 없기 때문에 문제가 된다. 하지만 만약 직원들이 상황에 맞는 공간을 골라 일할 수 있다면 오픈 플랜의 가장 큰 단점으로 지적되는 소음과 프라이버시에 의한 직원들의 불만을 줄일 수 있을 것이다.

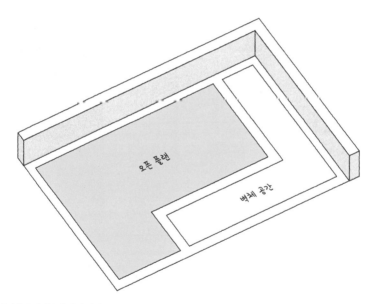

유연한 공간 활용을 위해 벽체 공간을
최소로 줄여 넓은 면적을 확보했다.

오픈 플랜으로 확보한 공간에는 따로 벽을 두지 않았다.
대신 빠르게 조립하고 해체할 수 있는 시스템 부스을 사용하여 공간의 가변성을 확보했다.

벽체 공간을 최소로 줄이기 위해 임원실의 면적도 줄였다.
넓고 권위 있는 임원용 가구 대신, 실용적인 높이 조절 데스크와 소형 회의 테이블을 활용했다.

각자의 규칙, 자율좌석제

퍼시스그룹은 본사를 리뉴얼할 때, 기존에 사용하던 고정좌석제 대신 자율좌석제를 도입했다. 자율좌석제란 자기 자리를 지정하지 않는 공간 활용 방법이다. 다시 말해 개인 업무 책상을 제공하는 것이 아니라 모든 직원이 오피스 전체를 사용할 수 있도록 하고, 그 안에서 직원이 자유로이 자리를 골라 일하는 것이다. 어제는 창가에 앉고, 오늘은 문가에 앉고, 내일은 오피스 중앙에 앉을 수 있다. 이렇게 하면 매일 정해진 자리를 사용하는 고정된 방식에서 벗어나 다양한 공간을 사용하면서 공간을 유연하게 사용할 수 있다.

자율좌석제는 단지 오픈 플랜의 문제점을 보완하고 공간 활용도를 높이기 위해 선택한 전략이 아니다. 만약 오픈 플랜의 문제점을 보완하는 것이 목적이라면 어딘가에 집중 업무 공간을 추가로 만들면 충분하다. 그러면 사람들은 소음 문제가 있을 때나 프라이버시를 침해당할 때 자기 자리에서 벗어나 다른 공간으로 이동하면 된다. 하지만 이것이 자율좌석제를 도입한 진짜 목적은 아니었다.

퍼시스그룹이 익숙하고 편한 고정좌석제를 포기하고 자율좌석제로 이행한 이유는 직원 개개인이 자율적으로 일할 수 있는 문화가 필요했기 때문이다. 자율좌석제에서 사람들은 하룻동안 일할 장소를 직접 정한다. 어디에 앉아서 일할지는 자신의 규칙에 따른다. 누군가 정해준 자리에 앉아서 업무에 집중하기 위해 노력하는 것이 아니라, 자신이 오늘 해야 할 일에 가장 적합한 환경을 선택하여 자신의 규칙대로 일하면 된다. 말 그대로 자율적인 업무가 전제된 일터다.

또한 자율좌석제를 도입하면 팀의 여론에 수동적으로 따라가는 분위기를 없앨 수 있다고 생각했다. 자리가 고정되어 있으면 팀의 일하는 방식이나 직속 선임 직원들의 업무 방식에 영향을 받는다. 그들은 팀의 가장 중심이 되는 공간에 자리 잡고 팀 전체에 영향력을 행사한다. 어떻게 일할지, 무슨 일을 우선시하는지는 그들에 의해 정해졌고, 후임 직원들은 스스로 업무의 방향성을 결정하기보다 선임 직원에게 의존하여 일하는 분위기에 익숙해진다.

팀과 팀 사이에 있던 배타적 경계를 없애는 것도 목적이었다. 고정좌석제가 적용된 오피스에서는 사람들은 다른 팀의 공간에 쉽게 들어가지 못한다. 그곳은 타인의 영역이며, 남의 영역에 이유 없이 침입해서는 안 된다는 생각이 은연중에 자리 잡고 있다. 누군가 방문했을 때도 마찬가지다. 서로 도와 더 좋은 결과를 내겠다는 생각보다 누군가 우리 영역에 침입했다는 생각이 먼저 생긴다. 이런 사소한 마음의 장벽이 쌓여 부서 이기주의로 발전한다.

자율좌석제는 자율적인 개인으로 일할 때 가장 효과적인 제도다. 자신이 일할 공간은 스스로 선택할 수 있고, 팀의 그늘에서 벗어나 팀 중심의 장벽을 허문다. 고정좌석제에서 사람들은 특정 팀의 특정 직급으로 일했다. 하지만 자율좌석제에서 사람들은 주체적 개인으로서 일할 수 있다. 근처에 있는 누군가의 지시에 기대는 것이 아니라 자신이 정한 규칙에 따라 일해야 한다. 다소 가혹하고 급진적인 방식이긴 하지만, 자율좌석제의 성공적인 도입과 운영이야말로 퍼시스그룹이 추구한 자율적인 기업 문화로 이행하기 위한 가장 중요한 요소였다.

오피스 입구에는 좌석 예약 키오스크가 있어 남은 자리를 한눈에 확인할 수 있다.

키오스크나 자리에 놓인 QR코드를 스캔하여 자리를 예약할 수 있다.
직원들이 자리 예약에 필요 이상의 에너지를 쏟지 않도록 현장 예약 시스템만 갖추었다.

자리를 빼앗긴 것이 아니다

자율좌석제를 단순히 '고정된 내 자리를 없앤다'라는 방식으로 접근해서는 안 된다. 자율좌석제의 핵심은 자율적으로 업무 환경을 선택하는 것에 있다. 오늘 집중 업무를 해야 한다면 주변이 조용한 자리를 예약할 수 있어야 하고, 온종일 회의가 있다면 자리를 예약하지 않아도 짬짬이 일할 수 있는 자리를 선택할 수 있어야 한다. 그러니 자율좌석제를 도입하려면 먼저 직원이 선택할 수 있는 업무 공간을 폭넓게 제공해야 한다.

많은 기업이 자율좌석제를 도입할 때 업무 공간을 폭넓게 제공한다는 전략을 간과하고, 고정좌석제에서 사용하던 방식 그대로 한 종류의 워크스테이션으로 업무 공간 전체를 꾸민다. 하지만 워크스테이션을 한 종류만 사용하는 방식은 자율좌석제에서는 비효율적인 전략이다. 고정좌석제는 직원들이 한자리에서 대부분의 업무를 처리해야 한다. 그래서 개인 업무를 처리할 수 있는 넉넉한 작업 면적, 주변의 소음과 시선을 막아주는 적당한 높이의 차폐물, 다양한 수납 형태를 무난하게 포괄할 수 있는 평균적인 수납 공간을 조합하여 워크스테이션을 구성하는 경우가 많다. 또 워크스테이션의 한 종류만 운영하여 조직 이동이 발생할 때 책상은 옮기지 않고 사람만 이동하는 방식으로 공간 운영을 한다.

하지만 이러한 전략은 자율좌석제에서 빛을 발하지 못한다. 자율좌석제는 안정적인 업무 환경을 포기하는 대신, 매 순간의 업무 효율을 극대화하는 전략이다. 잠깐 자리에 머무르며 간단한 업무를 처리하는 경우에는 넓은 워크스테이션 하나보다 컴팩트한 워크스테이션을 여러 개 배치하는 편이 낫다. 전화 업무를 할 때는 워크스테이션보다 소음을 확실하게 차단해주는 폰 부스가 있는 편이 좋다. 주변의 방해를 받지 않고 일하고 싶을 때에는 차폐물이 높은 업무 공간이 필요하다. 따라서 자율좌석제가 도입된 오피스에 한 종류의 워크스테이션만 있다면 오히려 업무 효율과 공간 효율은 낮아진다.

　자율좌석제를 도입하면서 본사의 공간 전략 역시 다양한 공간 선택지로 완전히 바꾸었다. 기존에는 본사에서 팀장과 팀원을 구분하지 않고 모두가 동일한 워크스테이션을 사용했다. 하지만 지금은 한 층에 여러 타입의 워크스테이션을 배치하고, 이를 창가와 문가, 중앙부에 골고루 분산 배치하여 직원들에게 선택지를 충분히 제공하고 있다.

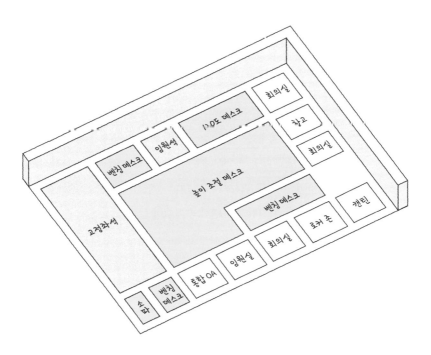

이전 오피스는 한 종류의 책상이 줄지어 있었으나
지금은 여러 책상이 오피스 전체를 다양하게 채우고 있다.

바뀐 것은 공간뿐만이 아니다. 자율좌석제 운영에 필요한 자리 예약 시스템을 직접 개발하여 구축했다. 각 층 출입구에 키오스크를 설치하여 커다란 화면으로 예약 가능한 자리를 한눈에 확인할 수 있도록 했다. 예약 방식도 최대한 단순하게 만들었다. 키오스크에서 자리를 골라 터치하면 QR코드가 뜨고 이를 스마트폰 어플로 스캔하면 자리가 배정된다. 잔여 좌석 조회나 원거리 예약과 같이 모바일 시대에 적합해 보이는 기능들은 어플에 넣지 않았다. 이런 기능은 언뜻 보기에는 편리해 보이지만, 내부적으로 검토해본 결과 오히려 직원들이 출근하는 내내 더 좋은 자리를 찾아 자리 예약과 퇴석을 반복할 수 있다는 우려가 나왔다. 작은 스마트폰 화면으로 오피스 전체의 잔여 좌석을 살펴보는 것 역시 직원의 피로감을 높일 수 있다는 지적이 있었다. 이 모든 사항을 고려하며 모든 자리는 현장에서 예약한다는 원칙을 세웠다.

모든 자리를 공평하게 사용할 수 있도록 시스템 제약을 두기도 했다. 한 자리를 연속으로 예약할 수 있는 기간은 최대 3일로 한다거나 모든 자리는 1달을 기준으로 합계 5회 이하로 예약한다는 제약이다. 이는 몇몇 직원들이 특정 자리를 독점하지 않도록 하는 것이 주 목적이었다. 직원들이 자기 자리를 빼앗겼다고 생각하지 않고 다양한 업무 공간을 얻었다고 느낄 때 자율좌석제는 성공적으로 운영된다. 그를 위해서는 다양한 공간 선택지를 제공하고, 공간을 공평하게 분배하는 편리한 시스템까지 갖춰야 한다.

고정좌석제 시절, 퍼시스그룹은 워크스테이션을 한 종류만 사용했다. 직급에 관계없이 자리가 동일해서 조직 이동 시 책상을 재배치할 필요가 없었고, 자리 이동을 빠르게 마칠 수 있었다.

넓은 자리에서 아늑하게 일할 수 있도록 창가 자리에 120도 데스크를 배치했다.

높이 조절 데스크는 전체 좌석의 약 50%를 차지한다. 체형이나 신체 리듬에 따라 높이를 조절할 수 있다.

오금로311 —새로운 문화를 준비하다

오피스 안쪽 창가에는 벤칭 데스크가 있다.
120도 데스크와 높이 조절 데스크와 달리 추가 모니터와 스크린이 없는 단순한 구조다.

오금로311 ―새로운 문화를 준비하다

드나들기 좋은 문가 자리에도 벤칭 데스크가 배치되어 있다.

오금로311 —새로운 문화를 준비하다

소파로 구성한 워크스테이션은 기존 오피스에는 없던 새로운 공간이다.
창밖을 바라볼 수 있게 배치했으며 집중 업무와 휴식이라는 두 가지 목적으로 사용할 수 있다.

페이퍼리스 100%

자율좌석제를 도입하면서 오피스 전체의 수납 공간을 크게 줄였다. 이전에는 개인 자리마다 수납 가구를 배치하여 수납 공간을 넉넉하게 제공했다. 그랬던 것을 직원 한 사람당 개인 캐비닛을 1개씩 제공하는 수준에 그쳤다. 직원들은 캐비닛 크기에 맞춰 서류나 책, 개인 물품 등 짐을 최소한으로 줄여야 했다. 다행히 페이퍼리스 업무 방식을 통해 짐을 줄이는 작업을 수월하게 진행할 수 있었다.

퍼시스그룹은 10년 전까지만 해도 회의 자료를 출력하여 한 사람당 1부씩 들여다보며 일했다. 하지만 모든 결재를 전자 결재로 전환하고, 업무 대부분을 전자 문서로 공유하는 방식이 페이퍼리스를 조직 전체에 안착되면서 그렇게 일하는 팀은 더 이상 없다. 회의 자료를 각자의 노트북으로 보면서, 아니면 회의실 디스플레이에 띄워놓고 검토한다.

보고서 검토 역시 마찬가지다. 과거에는 종이로 출력하여 빨간 펜을 들고 수정 사항을 적었다. 하지만 지금은 프로그램에 내장된 메모 기능을 이용한다. 어떤 부분을 지적했는지 한 장 한 장 들춰봐야 하는 종이 검토와 달리 변경된 내용을 바로 보여주는 프로그램 메모 기능을 이용하는 편이 훨씬 빠르게 일할 수 있게 되었다. 이 때문에 몇 달 동안 출력을 한 번도 한 적 없는 직원도 있는가 하면, 심지어 PC에 프린트 드라이버를 설치하지 않은 직원도 있다.

페이퍼리스가 가장 빛을 발하는 분야는 인사 평가다. 최근 조직원의 자율적 업무 태도를 중시하는 기업이 늘어나면서 새로운 인사 평가 방식을 도입하는 곳이 많아졌다. 퍼시스그룹 역시 인사 평가 방식을 팀 단위 상대평가에서 개인 단위 절대평가로 바꾸었다.

과거 인사 평가 시즌에는 팀장과 임원이 모여 그 사람의 1년간 업무 내역을 정리한 A4용지 1장을 검토하면 충분했다. 하지만 이제 종이 1장으로는 한 사람의 1년간의 활동을 평가하는 것이 불가능하다. 누군가를 평가하려면 그 사람이 작성한 1,000자 분량의 에세이를 검토하고, 팀장이 제출한 코칭 기록도 살펴봐야 한다. 또 최소 6명 이상의 동료가 채점한 평가지와 전년도 평가 내용도 참고해야 한다.

이렇게 하나의 결정에 필요한 자료가 어마어마하게 늘어나면 모든 내용을 종이에 출력하기란 불가능에 가깝다. 그래서 최근 인사 평가는 임원과 팀장이 회의실에 모여 대형 디스플레이로 여러 자료를 읽으며 진행한다.

팀 단위로 관리하는 수많은 판촉물도 페이퍼리스를 가로막는 큰 장애물이었다. 퍼시스그룹은 제품을 설명하는 소책자나 잡지, 카탈로그, 봉투 등을 많이 사용한다. 예전에는 한 번에 넉넉한 양을 제작하여 오피스 한곳에 쌓아놓고 사용했다. 직원들은 필요할 때마다 하나씩 집어갔고, 그러다 사용기한이 지나면 그대로 방치했다. 그렇게 오피스 곳곳에 기한이 지난 판촉물이 쌓여 있었다.

이런 문제를 해결하기 위해 판촉물을 제작할 때 수량 제한을 두었다. 직원들에게 예상 수량을 보고 받아 딱 그만큼만 제작했다. 처음에는 직원들도 예상 수량을 정하지 못해 당황했지만, 한두 번 경험이 쌓이자 자신의 업무 상황에 맞춰 적절한 수량을 예측할 수 있게 되었다. 그 덕분에 오피스 곳곳에 쌓여 있던 판촉물 더미가 사라졌고, 부서의 짐까지 놀랍도록 줄어들어 조직도 개인도 가볍게 움직일 수 있게 되었다.

수납 공간을 줄이자 공간 활용도가 높아졌다. 고정좌석제에서는 한 사람당 사용하는 수납 공간의 부피가 약 0.48㎥였다. 하지만 자율좌석제로 바뀌면서 한 사람당 수납 공간 부피가 0.15㎥ 정도로 이전 대비 약 30% 수준으로 줄었다. 이는 책을 가득 채우면 144권 정도 들어가는 수준이다.[24] 한 사람 한 사람이 사용하는 수납 공간을 줄인 대신, 더 많은 공간을 직원들의 편의를 위해 사용했다. 한 층에 배치하는 책상을 64석에서 78석으로 늘렸고, 소통 공간은 3곳에서 5곳으로 늘렸다. 게다가 여유 공간도 늘어나 추후 인원 증가에 따른 공간 확장성도 확보할 수 있었다. 이렇듯 워크스테이션에 배치된 수납 가구를 줄이면 그만큼 많은 공간을 확보할 수 있다.

광화문센터의 그래픽 룸처럼 본사에는 통합 OA공간이 있다. 페이퍼리스가 확산되면서 사용이 줄어든 펜, 집게, 포스트잇, 출력용 물품 등을 층 단위로 관리하고 보관한다.

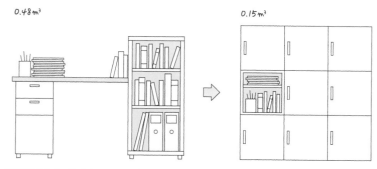

0.48㎥   0.15㎥

고정좌석제에서는 한 사람당 약 0.48㎡ 정도의 수납 공간을 사용했으나
자율좌석제로 바뀐 뒤에는 한 사람당 0.15㎡ 정도를 사용한다.

수납 공간을 한정적으로 사용하여 불필요한 물건이 쌓이지 않게 관리하고 있다.
직원은 개인 캐비닛 1개, 팀은 공용 캐비닛을 1~2개 사용한다.

고정좌석제/자율좌석제

언뜻 보기에는 기존 고정좌석제 오피스의 책상이 더 많아 보일 수 있다. 하지만 기존 오피스는 넓은 책상, 충분한 수납 공간, 그리고 4명당 1개씩 회의테이블을 제공했다. 그 때문에 개인 워크스테이션이 차지하는 공간은 넓이도, 실제 책상 수는 자율좌석제 오피스의 82%에 불과하다. 개인 워크스테이션의 크기와 회의실 1개소의 면적을 줄인 덕분에 소통할 수 있는 공간이 3곳에서 5곳으로 늘어났고, 전체적인 업무 공간 밀도 역시 낮아져 이전보다 훨씬 쾌적한 환경이 되었다.

고정좌석제　　　업무 공간 64석 소통 공간 3개소

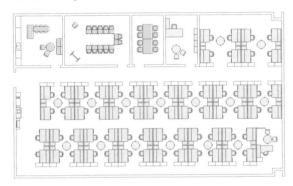

자율좌석제　　　업무 공간 78석 회의 공간 5개소

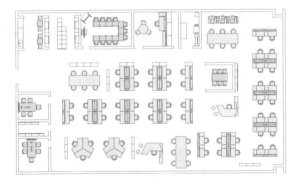

직원들이 끌어낸 변화

자율적 사무환경은 물리적 환경을 구축하는 것만으로 이룰 수 없다. 페이퍼리스 업무 환경에 적응하고, 자율좌석제에 맞춰 일하는 것 모두 조직 구성원의 행동이 바뀌어야 가능한 일이다. 퍼시스그룹 본사의 변화는 지금까지 진행한 어떤 프로젝트보다 직원들의 행동 변화가 중요했다. 그러니 1~2회에 걸쳐 진행하는 워크숍만으로는 충분한 변화를 끌어낼 수 없을 것으로 판단했다.

퍼시스그룹은 CA 제도를 도입했다. 체인지 에이전트(Change Agent)의 약자인 CA는 조직의 변화를 이끄는 핵심 요원을 의미한다. CA는 팀 내 변화를 유도하는 중심 역할을 맡는다. 조직의 지향점과 이를 반영한 공간의 변화 방향을 팀 내부에 전달하고 실제 변화를 끌어내는 동시에 팀 구성원의 의견을 수집하여 조직 전체의 방향성을 수정할 수 있어야 한다. 그래서 CA는 팀에서 자율적으로 선정하지만, 팀의 막내를 선정해선 안 된다는 규칙을 정했다. 최종 선정된 CA는 5~8년 차 직원이 가장 많이 포함되었으며, 1~4년 차 직원은 매우 적었다. CA는 수시로 팀의 동향을 파악하여 정보를 전달했으며, 사무 환경 변화의 이유와 목적을 팀원에게 전달하고 설득하는 업무를 맡았다.

CA의 활동 중 가장 의미 있는 성과는 본사 자율좌석제 운영 방향 결정이었다. 처음 자율좌석제를 도입한다고 발표했을 때 전체 12팀 중 8팀이 CA를 통해 반대 의사를 표했다. 전체의 67%가 반대하는 상황이었지만, 오히려 직원들을 설득할 수 있다는 확신이 생겼다. 왜냐하면 자율좌석제에 찬성하는 4개 팀이 모두 퍼시스 소속이었기 때문이다.

퍼시스는 오랫동안 사무환경의 중요성에 관해 말했다. 오피스 트렌드를 연구하여 세미나도 개최하고 책과 잡지를 만들어 널리 알렸다. 이 과정에서 퍼시스 직원들은 사무환경의 의미를 깊게 이해할 수 있었다. 자율좌석제의 의의와 그 목표를 정확히 알고 있는 직원도 많았다. 즉 CA 조사 결과는 자율좌석제에 관해 정확히 아는 사람들은 100% 찬성했다는 사실을 보여준 것이다. 자율좌석제를 반대하는 이들은 리빙 브랜드 일룸과 의자 브랜드 시디즈 소속의 직원들이었다. 이들은 퍼시스 소속 직원들에 비해 상대적으로 사무환경의 중요성을 경험할 기회가 적었기 때문에 자율좌석제의 최종 목표를 충분히 공감하기가 어려운 상황이었다. 이들에게도 사무환경을 바꾸는 의미와 목표를 구체적으로 설명한다면 충분히 공감을 끌어낼 수 있을 것으로 생각했다.

CA의 도움을 통해 이들이 자율좌석제에 반대하는 구체적인 이유를 살펴보았다. 단지 자신의 자리가 사라지는 것에 대해 강한 불만을 표한 팀도 많았지만, 많은 팀이 자신들은 팀 내 잦은 미팅이 필수라서 함께 모여 앉아야 한다는 이유로 반대했다. 굳이 자리를 없애지 않아도 여러 공간을 돌아다니며 자율적으로 일할 수 있지 않느냐는 질문도 나왔다. 그래서 본사 리뉴얼의 목표는 단지 여러 공간을 선택할 수 있는 사무환경을 만드는 게 아니라 개인이 자율적으로 일하는 문화를 정착시키기 위한 것임을 설명했다. 덧붙여 기존의 업무 방식과 충돌하기 때문에 새로운 환경을 반대하는 마음은 잘 알겠지만, 지금이야말로 변화할 때라고 거듭 강조했다.

모든 반대 의견을 거절한 건 아니었다. 일부 팀의 의견은 수용했다. 먼저 고사양 컴퓨터로 그래픽 작업을 하는 팀은 자율좌석제가 불가능하다는 데 합의했다. 자율좌석제는 노트북 사용이 필수인데, 이들의 업무는 아무리 고사양 노트북을 사용한다고 해도 데스크톱을 사용하는 것에 비해 업무 효율이 낮아질 수밖에 없기 때문이다.

두 번째는 사내 지원 업무를 담당하는 팀이었다. 인재문화팀, 재경팀 등이 여기에 속했다. 이들은 다른 팀에서 찾아오는 사람과 면담을 하거나 재무 관련 서류를 받아 보관해야 한다. 하루에도 여러 번 사람들이 찾아오기 때문에 이들의 자리가 매일 바뀌면 업무에 비효율이 생길 수 있다.

모든 팀에 일괄 도입하는게 아니라 업무가 효율적으로 진행될 수 있는 팀에 한해 자율좌석제를 도입하기로 했다. 직원들이 어떤 점을 걱정하는지, 어떤 부분을 오해하는지 구체적으로 알 수 있었기 때문에 자율좌석제 도입에 필요한 가장 효과적인 논리를 준비하여 설득할 수 있었다. 무엇보다 직원들의 모든 반대를 무조건 거부한 것이 아니라 업무 효율성을 고려하여 수용했기에 합의를 이루어낼 수 있었다.

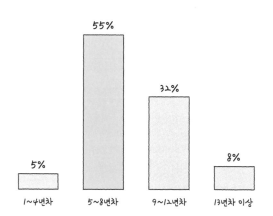

연차별 CA 분포
CA는 팀 내 변화를 유도하는 역할을 맡는다. 퍼시스그룹의 CA는 전체의 55%가
5~8년 차 직원들로, 팀 내에 사무환경 변화의 이유와 목적을 전달하고 설득해주었다.

업무 효율을 고려하여 듀얼 모니터와 고사양 데스크톱이 필수인 부서,
사내 지원 업무를 담당하는 부서는 고정좌석제를 유지했다.

새로운 공간,
새로운 문화

자율좌석제 대성공

2019년 6월, 퍼시스그룹은 새로운 본사 오피스의 문을 열었다. 흥분이나 혼란은 없었다. 직원들은 침착하게 QR코드를 스캔하고 예약한 자리를 사용했다. 자율좌석제도 문제 없이 운영되었다. 직원들은 매일 자신이 쓸 자리를 예약하여 사용했다. 혹시라도 자리를 예약하지 않고 기존 방식대로 공간을 이용하는 상황이 발생하면 어떻게 하나 걱정하며 클린 데이 캠페인이나 직원 설명회까지 기획해놓은 상태였다. 하지만 이런 준비가 무색하게 직원들은 공간을 아주 잘 사용했다.

조직 문화에도 조금씩 변화가 생겼다. 먼저 직원들의 업무 태도에 변화가 생겼다. 예전에는 눈에 보이면 바로 회의를 여는 게 보통이었다. 하지만 이제 간단한 회의라도 채팅을 이용해 약속을 잡았다. 팀장과 임원 역시 채팅을 이용해 언제 어디에서 어떤 이야기를 할지 정했다. 이는 상대방을 찾기 힘들다는 이유도 있지만, 상대방이 집중해서 일할 때 말을 걸면 방해가 된다는 인식이 어느새 사람들에게 자리 잡았기 때문이다.

한편 팀 내 결속은 확실히 줄어들었다. 자율좌석제가 정착하면서 팀원들이 함께 모이는 시간이 많이 줄었다. 종일 팀원의 얼굴조차 보지 못한 채 퇴근하는 경우도 있었다. 팀내의 커뮤니케이션이 줄어드는 상황을 방치한다면 긴밀한 협업의 기회까지 놓칠 수 있었다. 이를 보완하기 위해 비대면 협업에 강점을 지닌 사내 지식관리시스템을 시범 도입했다.

시범 도입팀은 약 3개월의 적응 기간을 거쳐 자율좌석제의 단점을 보완하는 효과적인 방법을 찾아냈다. 이들은 사내 지식관리시스템에 업무 결과를 정리하고 모든 회의록을 작성했다. 간단한 업무 보고는 회의록 링크를 보내는 것으로 대체했다. 팀장과 임원은 업무 진행 상황이 궁금해지면 부하 직원을 바로 불러서 질문하는 대신, 회의록과 업무 페이지를 먼저 확인했다. 보고의 목적도 진행 상황 공유에서 핵심 쟁점 논의로 바뀌었다. 사소하고 불필요한 질문에 쓰는 시간을 줄일 수 있어 관리자 입장에서도 업무 효율이 높아졌다. 대면 협의는 꼭 필요한 순간에만 하게 되었고, 채팅으로 대면 협의를 위한 시간과 장소를 잡는 게 큰 문제가 되지 않았다. 자율좌석제와 사내 지식관리시스템은 물리적으로 모여 있는 것만이 협업의 필수 조건이 아니라는 사실을 알려주었다.

팀 내 커뮤니케이션과 달리 팀과 팀 사이의 커뮤니케이션은 오히려 크게 늘었다. 예전에는 다른 팀 사람들이 무슨 일을 하는지 정확히 알지 못했다. 하지만 여러 팀이 뒤섞여 일하게 되자, 팀과 팀은 서로의 일상을 공유하게 되었다. 영업팀은 최근 어떤 영업건에서 문제가 생겼는지, 해외영업팀이 수주를 따낸 나라는 어디인지, 마케팅팀이 새롭게 시작하는 광고는 무엇인지 귀동냥으로 조금씩 알게 되었다. 이는 다른 팀을 대하는 마음의 벽을 허무는 데 큰 도움이 되었고, 최종적으로 팀과 팀 사이의 협업을 더 매끄럽게 진행하는 토대가 되었다.

진짜 활용법을 찾다

자율좌석제가 제대로 운영됨에 따라 공간 활용법에 대한 많은 사실을 알게 되었다. 먼저 120도 데스크의 활용법을 정확히 알게 되었다. 처음에는 120도 데스크가 2~3명 정도의 소규모 그룹 업무에 유리한 공간이 될 것으로 예상했다. 하지만 예상과 달리 사람들은 집중 업무가 필요할 때 120도 데스크를 골랐다. 120도 데스크는 구석 자리에 놓여 있었고, 2면으로 넓게 펼쳐진 전면 스크린이 시야를 충분히 막아주었다. 작업 면적도 넓어 카탈로그나 참고 자료를 함께 놓고 일을 하기에도 편리해서 지금은 120도 데스크가 놓인 공간을 포커스 존이라고 부르고 있다.

벤칭 데스크는 회의나 미팅 등으로 오피스에 머무르는 시간이 짧은 사람들이 주로 사용할 것으로 예상했다. 예상대로 문가에 놓인 벤칭 데스크는 실제로 보고 일정이 꽉 들어찬 팀장이나 외근을 나간 뒤 현장 퇴근하는 직원들이 주로 사용하고 있다.

하지만 가구가 같아도 환경이 바뀌면 워크스테이션의 활용 방법은 완전히 달라졌다. 문가에 놓인 벤칭 데스크와 달리 창가에 놓인 벤칭 데스크는 의외로 집중 업무를 하는 직원들이 주로 사용했다. 기본적으로 벤칭 데스크에는 추가 모니터가 없기 때문에 인기가 낮다. 하지만 그 점을 이용하여 창밖을 내다보며 조용한 환경에서 일하려는 마니아층이 생겨난 것이다. 팀장들도 창가 벤칭 데스크를 많이 사용했다. 높이 조절이 가능하고 듀얼 모니터가 있는 자리를 실무자들에게 양보하기 위한 배려였다. 작업 면적을 유연하게 사용할 수 있어 잡지나 신문같은 자료물을 펼쳐놓고 읽기에는 벤칭 데스크가 가장 좋다는 팀장도 있었다.

시간이 흐르자 직원들은 자율좌석제에 어울리는 공간 활용법을 스스로 찾아냈다. 팀 내 잦은 미팅이 많아 고정좌석제를 유지해야 한다고 말했던 사람들도 자율좌석제의 규칙을 따르면서 자신의 목적을 달성하는 방법을 찾아냈다. 이들은 특정 공간을 중심으로 모여앉기 시작했다. 예를 들어 어떤 사람과 짧은 회의가 많을 것 같은 날이면 아예 그 사람 근처를 골라 예약하는 것이다.

특별한 상황이 생기면 고정좌석제로 전환하는 경우도 생겼다. 신입 사원이나 경력직 사원이 새로 오는 경우가 여기에 해당한다. 새로 온 팀원이 빠르게 적응할 수 있도록 그들의 자리를 며칠간 정해두고 사용했다. 하지만 자리 예약 시스템에는 이런 장기 예약 시스템이 없다. 그래서 사람들은 자리 예약 현황을 보여주는 키오스크에 쪽지를 붙여 언제부터 언제까지 신입사원과 그의 사수가 해당 자리를 사용하겠다고 알렸다.

처음에 사람들은 자율좌석제를 도입하면 지금까지 일하던 방식이 전부 사라질 것이라고 두려워했다. 하지만 실제로 사용해보니 업무의 대부분이 자율좌석제에서도 충분히 가능하다는 사실을 알게 되었다. 즉 자율좌석제를 사용한다고 해서 특정 업무가 불가능해지는 것이 아니다. 약간의 디테일이 바뀔 뿐이다.

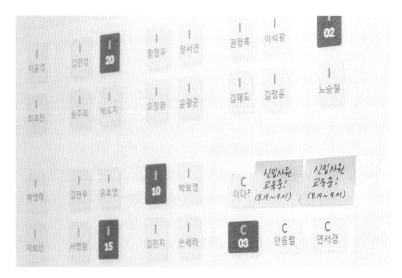

특별한 상황이 생기자 직원들은 자발적으로 키오스크에 포스트잇을 붙여 일부 자리를 장기 예약하는
아이디어를 냈다. 자율좌석제의 규칙을 어기지 않으면서 유연하게 공간을 활용하고 있다.

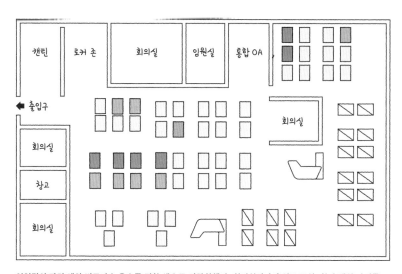

영업팀의 자리 예약 빈도가 높을수록 진한 색으로 시각화했다. 회의실이나 출입구 근처, 창가 벤치 자리를
주로 사용한다는 사실을 알 수 있다. 짧은 회의와 전화 통화가 자주 발생하는 업무 특성 때문이다.

공간으로 해결한다

　새로운 오피스를 3개월간 사용한 후, 전 직원을 대상으로 공간 만족도 조사를 진행했다. 가장 눈에 띄는 문제가 소음이었다. 많은 직원이 전화 소음이나 다른 직원들의 회의 소음으로 업무 만족도가 떨어진다고 응답했다. 직원들은 설문조사에서 '소음'에 대해 만족도가 낮다고 체크하는 것으로 끝나지 않고 좀 더 구체적인 의견을 적어놓았다. '평소 전화를 많이 하니 자유롭게 통화할 수 있도록 본사에도 폰 부스를 만들었으면 좋겠다' '통화가 많은 팀이 옆자리인 경우 집중이 힘들기 때문에 집중하기 좋은 공간이 필요하다' 등의 내용이었다.

　이 같은 내용을 단지 공간에 대한 불만으로 간주할 수도 있다. 하지만 관점을 조금만 바꾸면 직원들이 일과 공간에 대해 이전과 다르게 생각하기 시작했다는 사실을 발견할 수 있다. 우선 직원들은 소음을 만들어내는 다른 직원들을 향해 불만을 품지 않았다. 과거에는 '왜 저 사람은 저렇게 오랫동안 통화를 할까?' '왜 저 사람은 저기서 회의를 할까?' '왜 저 사람은 목소리가 저렇게 클까?'와 같이 소음의 원인이 되는 사람에게 불만이 집중되었다. 그로 인해 꼭 필요한 회의, 꼭 필요한 통화를 하는 것만으로도 팀과 팀, 사람과 사람 사이의 갈등이 빚어졌다.

　하지만 다양한 공간을 선택하여 일하는 방식에 익숙해진 직원들은 소음원을 탓하지 않는다. 누가 말해주지 않아도 직원들은 소음 문제의 본질을 파악했다. 오피스에서 소음은 어쩔 수 없이 생기는 법이다. 따라서 소음원을 없애라고 요구하기보다 집중하기 좋은 장소를 찾아가는 편이 합리적이다. 이제 직원들은 어느 팀의 누가 시끄럽다고 불평하는 대신, 업무 효율을 높일 수 있는 공간을 더 만들어달라고 요구하기 시작했다. 공간으로 문제를 해결할 수 있다고 생각하는 것이다. 업무상 전화가 많은 사람은 주변에 방해받지 않고 오랜 시간 전화할 수 있는 공간을 만들어주기를 제안했다. 또 집중해야 할 때 주변의 방해 없이 일할 수 있는 공간을 만들어주기를 제안했다. 이러한 직원들의 다양한 의견을 반영하여 본사 오피스에 집중 업무 공간을 추가했다.

누구나 도전할 수 있다

퍼시스그룹의 본사는 생각의 정원이 문을 연 이후 광화문센터를 거쳐 스튜디오 원까지 차근차근 진행한 사무환경 프로젝트의 집대성이다. 자율적인 문화를 지향하며 사무환경의 틀을 세웠고, 직원들과 소통하며 세부 사항을 결정했다. 이미 다양한 공간의 변화를 경험한 직원들은 자율좌석제라는 급격한 변화도 수용할 수 있었고, 더욱 효율적인 운영 방향까지 제안하는 수준이 되었다. 공간의 변화와 함께 직원들의 자세도 성숙해진 것이다.

퍼시스그룹은 본사 공간을 계획하면서 너무 늦은 선택이 아닌가를 두고 고민했다. 본사 공간에 적용한 공간 전략은 새롭고 신선하다기보다 오피스 트렌드에 민감하고 사무환경 개선에 관심이 많은 사람들이라면 이미 익숙하게 여기는 개념이었다. 하지만 어떤 고민의 과정을 거쳐 그 공간을 만들게 되었는지, 실제로 공간은 어떻게 만들었고 만든 이후 직원들은 그 공간을 얼마나 잘 쓰고 있는지 직접 보여주는 오피스는 많지 않다.

사무환경은 우리가 현재 일하는 방식과 앞으로 추구하는 모습을 동시에 보여주는 지표다. 퍼시스그룹 본사는 퍼시스 사업부가 주로 사용하는 6층을 워킹쇼룸으로 개방하여 투어 프로그램을 운영하고 있다. 자율좌석제와 공간의 선택이라는 사무환경, 그리고 사무환경으로 변화한 직원들의 모습을 직접 살펴보고 싶어 하는 사람들에게 우리의 비전과 경험을 공유하고 싶었기 때문이다.

아직도 많은 사람은 퍼시스그룹의 공간을 방문하면서 변화의 영감을 받아

간다. 퍼시스그룹의 본사는 너무 새롭지 않아서, 너무 어색하지 않아서, 오히려 누구나 도전할 수 있다는 메시지를 전달하고 있다. 사람은 공간을 만들고, 공간은 다시 사람을 만든다. 퍼시스그룹은 앞으로도 계속해서 최상의 오피스 공간을 만들어나갈 것이며, 동시에 일하는 방식 역시 선도해나갈 것이다.

퍼시스그룹 공간 프로젝트를 이끈
실무진 인터뷰 보러가기

에필로그

공간 프로젝트의 긴 여정에 하나의 쉼표를 찍었다. 여러 사람의 기억과 폴더 여기저기에 파편처럼 흩어져 있던 기록을 수집하여 한 권의 책으로 정리했다. 덕분에 우리가 사용한 공간 전략을 돌아볼 수 있었고, 사무환경 전문가로서 현 시대 사람들에게 어떤 조언을 건넬 수 있을지 되짚어보는 좋은 기회가 되었다. 공간 전략을 큰 시야에서 다시 검토하여 유연, 소통, 자율이라는 3대 키워드를 새롭게 도출한 지점이 특히 뜻깊었다.

이미 새로운 오피스는 우리 곁에 성큼 다가와 있다. 재택 근무가 자리 잡고, 화상 회의는 일상이 되었다. 이제 책상만 빼곡하게 들어찬 어제의 오피스로는 부족하다. 오피스는 공간 활용을 직원의 자율에 맡기는, 좀 더 유연한 공간이 되어야 한다. 동시에 조직 문화를 길러내는 커뮤니티로 기능해야 한다. 그것이 너무나 빠르게 명멸하는 지금의 기업 환경에 적확한 오피스의 모습이며, COVID-19로 완전히 재구성된 오늘날 우리의 일상에 어울리는 오피스다.

퍼시스그룹은 지금도 유연, 소통, 자율을 중심으로 계속해서 공간을 바꾸고 있다. 본사의 사무환경을 예로 들자면 자율좌석제 운영 아래 더 나은 업무 환경을 찾아내기 위해 여러 차례 레이아웃을 바꾸고, 집중 업무 공간을 추가했다. 본사의 사무환경이 최근 늘어나고 있는 TFT(Task Force Team)를 완벽히 지원하지 못한다는 의견이 지속적으로 나오고 있어서, TFT가 중심이 되는 새로운 개념의 업무 공간을 만들 방안을 마련 중이다.

특히 퍼시스그룹의 핵심 커뮤니티 공간이 될 수 있도록 계획한 본사 4층의 '서로의 광장'은 유연, 소통, 자율이라는 3대 키워드를 가장 멋지게 풀어냈다고 자부한다. 유연, 소통, 자율이 반영된 오피스는 구체적으로 어떤 모습일까? 서로의 광장을 시작으로 이 대답의 실마리를 풀어나갈 생각이다.

다음에는 어떤 공간으로 갈까? 그곳에서 어떤 변화를 만들어낼까? 가슴 설레는 질문을 다시 한번 던져본다. 어쩌면 생산사업장의 오피스가 될 수도 있고, 지방의 영업센터가 될 수도 있다. 이 공간들은 헤드 쿼터 오피스가 아니기 때문에 서울 본사 프로젝트와는 구분되는 독특한 결과물이 나올지도 모른다. 그래서 궁금하고 그만큼 기대된다. 어떤 공간을 마주하더라도 사무환경의 변화로 우리의 행동을, 일상을, 그리고 문화를 만들어낸다는 공간 프로젝트의 핵심 가치를 잊지 않고 나아갈 생각이다.

무엇을 바꿀 것인가? 어떻게 바꿀 것인가? 왜 바꿀 것인가? 여기에 대답하며 지난 5년간 많은 공간을 개선해왔다. 그리고 쉼표 위에 서서, 우리는 다시 공간 프로젝트의 미래를 그려본다. 부디 공간 프로젝트의 다음 번 쉼표가 찍히는 날, 그때도 사무환경이 문화를 만들어낸 이야기를 즐겁게 풀어낼 수 있기를 바란다.

에필로그

2020년 여름, '서로의 광장'이 새단장을 마치고 문을 열었다. 퍼시스그룹의 핵심 커뮤니티 공간이
될 수 있도록 편안한 소통, 리프레시, 다이닝과 파티, 강연과 세미나 등 다양한 활동이 가능하도록 계획했다.

이전에도 본사 4층은 직원들의 휴식 공간이었지만, 만남과 경험이 부재한 단조로운 공간이라는
아쉬움이 있었다. 서로의 광장은 '커뮤니티의 중심'이라는 새로운 성격을 부여하여 다양한 가구 유닛,
가변적인 공간 활용, 자연 소재와 패브릭을 도입하여 따뜻하고 편안한 공간으로 새롭게 만들었다.

에필로그

서로의 광장 초입에는 아이디에이션 룸(Ideation Room)이 있다. 흩어지고 모이기 좋은 가구와
필경대가 부착된 이동형 의자를 골라 캐주얼 협업이나 교육에 어울리는 공간으로 만들었다.
옥상 정원으로 바로 접해 있어, 문을 열어 창밖의 옥상 정원을 내부로 끌어들일 수 있다.

에필로그

리빙 존(Living Zone)은 키친과 커피 머신, 팬트리, 카페 테이블과 소파가 있어 사람들이 모이고 대화가
오가는 만남의 공간으로 계획했다. 리빙 브랜드 일룸의 카페형 테이블과 스툴, 소파 브랜드 알로소의 소파와
바 스툴 등 다양한 홈 가구를 배치한 따뜻한 분위기의 홈 라이크 오피스다.

에필로그

리빙 존 한쪽에는 비즈니스 룸(Business Room)이 있다. 생각의 정원이 활기찬 분위기에서 손님을
맞이하는 공간이라면, 비즈니스 룸은 정돈되고 차분한 분위기에서 손님과 마주하는 공간이다. 다른
회의실과 달리 손님 접대의 특수성을 고려하여 유리를 불투명하게 바꿀 수 있는 매직 글라스를 사용했다.

에필로그

서로의 광장 뒤편에 있는 개더링 존(Gathering Zone)은 5~6인 규모의 소파 유닛과 벽면의 롤 스크린으로
구성한 소그룹 캐주얼 미팅 공간이다. 필요하면 10~15인 규모의 세미나 공간으로 변신할 수도 있는데,
가구를 옮기고 재배치하는 대신 소파 여기 저기에 걸터앉아 공간의 규모를 확대하는 전략이다.

등 뒤가 노출되어 있어서 사람들이 사용을 꺼릴 것이라고 속단해서는 안 된다. 의외로 많은 사람들이
30분 내지 1시간 정도의 짧은 개인 업무를 하러 많이 찾아온다. 서로의 광장에서 느껴지는 색다른 분위기는
이곳을 기존 업무 공간과 구분되는 대안 업무 공간으로 자리매김할 수 있게 해준다.

에필로그

워크 눅스(Work Nooks)는 서로의 광장 구석에 있는 개인 업무 공간이다. 구석 자리라 집중하기 좋고, 공간 전체를 바라볼 수 있어 인기가 좋다. 일반 오피스에서 느끼기 어려운 캐주얼한 분위기가 사람들이 지치지 않고 일할 수 있도록 기운을 불어넣는다.

에필로그

참고문헌

1   「2019년 8월 경제활동인구조사 근로형태별 부가조사 결과」, 통계청, 2019

2   「직장생활 트렌드 리포트 2020」, 오픈서베이, 2020

3   「코로나19 관련 기업별 재택 근무 현황」, 블라인드, 2020
    https://www.teamblind.com/kr/post/코로나19-관련-기업별-재택-근무-현황-YTjcUKQR,
    2020년 7월 접속

4   『지적자본론, 모든 사람이 디자이너가 되는 미래』, 마스다 무네아키(增田宗昭),
    이정환 역, 민음사, 2015

5   케이블의 연결 없이 전파를 활용한 무선 시스템의 구축으로 컴퓨터, 모바일폰 등의
    전자기기를 공간의 제약 없이 사용할 수 있는 환경을 의미한다.

6   「성공하는 기업 조직과 사무공간(Managing the Flow of Technology)」,
    THOMAS J.ALLEN, GUNTER W. HENN, 최재필 등 역, 퍼시스북스, 2007

7   「Seoul Office Market Report (Q1 2020)」, EVISON YOUNG, 2020

8   「사무환경과 조직유효성 관계에 관한 연구」, 김성수, 서울대학교, 2017

9   「재택근무 한 달째...노사 모두 피로감 호소」, 서울경제, 변재현, 2020
    https://www.sedaily.com/NewsView/1Z0AR8ZA28, 2020년 7월 접속

10 웹(Web)과 세미나(Seminar)의 합성어로, 인터넷 웹 사이트에서 동영상, 프레젠테이션,
    쌍방향 채팅 등을 이용하여 원격으로 진행하는 세미나를 의미한다.

11 「Return to Work - A Perspective from China & Hong Kong」, Haworth, 2020,
    https://www.haworth.com/ap/resources/webinarseries/past-events#/june,
    2020년 7월 접속

12 「재택근무 늘자..."내방 사무실처럼 꾸며볼까"」, 매일경제, 강민호, 2020
    https://www.mk.co.kr/news/business/view/2020/03/295532/ 2020년 7월 접속

13 「코워킹스페이스 트렌드 리포트: 국내 스타트업 생태계에서 코워킹스페이스 확산이 가지는 의미」,
    STARTUP ALLIANCE by NAVER, 2018

14 카카오맵 https://map.kakao.com/에서 코워킹스페이스 검색 결과 크롤링,
    2020년 4월 수행

15 「한국인은 왜 '별다방'에 빠졌나」, 주간 동아, 송화선, 2016
https://weekly.donga.com/List/3/all/11/814996/1, 2020년 7월 접속

16 데스크를 여러 개 연결하거나 가로로 긴 데스크 1개를 사용하여 마치 긴 의자인
벤치(Bench)같아 보이게 배치하는 방식이다. 벤칭 데스크, 벤칭 테이블, 벤칭 시스템,
벤치 워크 시스템 등 다양한 표현이 존재한다.

17 「Constant, Constant, Multi-tasking Craziness: Managing Multiple Working Spheres」,
Victor M. González·Gloria Mark, CHI 2004, 2004

18 디자인 3요소인 색상(Color), 재료(Material), 마감(Finish)의 약자이다.

19 「사무환경과 조직유효성 관계에 관한 연구」, 김성수, 서울대학교, 2017,
재인용(Amabile, 1996; Oldham & Cummings, 1996;
Shalley & Zhou, 2008; West & Farr, 1990)

20 「벨 연구소 이야기, 세상에 없는 것에 미친 사람들」, 원제 The Idea Factory,
존 거트너(Jon Gertner), 정향 역, 살림Biz, 2012

21 2020 공간데이터베이스 보고서, 퍼시스, 2020
퍼시스 공간데이터베이스는 사무환경의 변화를 숫자로 확인할 수 있는 국내 유일의 데이터베이스다.
2001년부터 수집한 실제 제안 도면 약 1,100개에서 추출한 도면 정보(면적, 사용 인원, 레이아웃,
공간 프로그램 등)와 기업 정보(업종, 위치, 납품 연도 등)가 입력되어 있다.

22 2020 공간데이터베이스 보고서, 퍼시스, 2020

23 2020 공간데이터베이스 보고서, 퍼시스, 2020

24 「기본 수학의 정석 수학 1 (2020년용)」 157×232×23mm를 기준으로 측정했다.

집필진 소개

김정윤

이화여자대학교 건축학과 졸업. 2015년부터 퍼시스그룹 공간 프로젝트의 프로젝트 매니저를 맡아
전사 사무환경을 새롭게 기획하고 리뉴얼했다. 사무환경연구팀의 팀장으로 트렌드 리서치와 사무환경
컨설팅을 총괄했다.

이다정

연세대학교 실내건축학과 졸업. 퍼시스 사무환경연구팀에서 사무환경 데이터를 양적으로 분석하고
표현하는 통계적 연구를 담당했다. 2014년 퍼시스 공간데이터베이스를 개발했고, 유지·관리 업무를
맡았다. 매년 공간데이터베이스 보고서를 작성하고 있으며, 『사무환경이 문화를 만든다 vol.1』을
집필했다.

최효진

고려대학교 건축학과 및 동대학원 도시계획 및 설계 석사 졸업. 퍼시스 사무환경연구팀에서 오피스를
둘러싼 사회적, 물리적 특성을 연구했다. 아모레퍼시픽·두산 등의 사무환경 컨설팅과 조직 문화·
오피스 음환경 등의 연구를 진행했으며, 『사무환경이 문화를 만든다 vol.1』을 집필했다.

강민지

연세대학교 건축학과 졸업. 퍼시스 사무환경연구팀에서 업무 행태에 따른 공간 리서치를 담당했다.
퍼시스그룹의 공간이 변화해온 과정을 기록하고 도면, 이미지 등 자료를 수집하고 정리했다.

목훈문화사

목훈문화사의 '목훈*燻'은 나무가 타면서 나는 나무 연기의 향이라는 의미에서 영감을 받았습니다. 스스로를 태워 주변을 따스한 온기와 그윽한 향으로 가득 채우는 나무처럼, 책을 통해 가치 있는 이야기를 전하고자 합니다. 목훈문화사는 새로운 시각, 깊은 통찰, 따스한 온정을 나누며 독자 여러분과 함께 성장하고, 영감을 나누는 여정을 이어갑니다.

오피스 일상을 바꾸다
사무환경이 문화를 만든다 Vol.2

2024년 10월 1일 초판 발행

지은이 퍼시스
펴낸이 이종태
펴낸곳 목훈문화사
등록 제2023-000098호(2023년 7월 11일)
주소 서울특별시 송파구 오금로 311
이메일 mokhoonpublishing@fursys.com

편집·디자인 플레이크
출력·인쇄 타라TPS

ISBN 979-11-985196-4-1
ISBN 979-11-985196-2-7 (세트)

목훈문화사